文华
化普

PUHUA BOOKS

我
们
一
起
解
决
问
题

服务行业工作全流程快速入门系列

餐厅后厨管理工作全流程指南

10大环节、52个细节的应对与处理

赖崇◎编著

人民邮电出版社
北　　京

图书在版编目（CIP）数据

餐厅后厨管理工作全流程指南：10大环节、52个细节的应对与处理 / 赖崇编著. —— 北京：人民邮电出版社，2024.5

（服务行业工作全流程快速入门系列）

ISBN 978-7-115-64047-5

Ⅰ．①餐… Ⅱ．①赖… Ⅲ．①餐馆－商业管理－中国－指南 Ⅳ．①F719.3-62

中国国家版本馆CIP数据核字(2024)第062049号

内 容 提 要

本书详细描述了餐厅后厨管理工作全流程，深入介绍了岗位人员配备、原料验收与储存、原料加工管理、菜品制作管理、菜品质量控制、新菜品研发、生产成本控制、后厨卫生管理、后厨安全管理、常用设备管理共10大环节的52个细节，并以"相关链接"栏目的形式介绍了与餐厅后厨管理相关的注意事项和延伸性知识。

本书适合餐厅后厨工作人员、管理人员阅读，也可以作为相关培训机构的培训用书。

◆ 编　著　赖　崇

　　责任编辑　陈　宏

　　责任印制　彭志环

◆ 人民邮电出版社出版发行　　北京市丰台区成寿寺路 11 号

　　邮编　100164　电子邮件　315@ptpress.com.cn

　　网址　https://www.ptpress.com.cn

　　涿州市殷润文化传播有限公司印刷

◆ 开本：787×1092　1/16

　　印张：12　　　　　　　　　　　2024 年 5 月第 1 版

　　字数：210 千字　　　　　　　　2025 年 8 月河北第 3 次印刷

定　价：59.80元

读者服务热线：(010) 81055656　印装质量热线：(010) 81055316

反盗版热线：(010) 81055315

前 言 |preface

随着人们生活水平的提高，餐饮业的竞争日趋激烈，其实餐饮业的竞争主要就是餐饮质量管理的竞争。后厨是餐厅的核心，后厨管理是餐饮管理的重要组成部分。餐厅后厨管理在提升运营效率、保障食品安全、提高顾客满意度及控制成本等方面发挥着至关重要的作用。

有效的后厨管理可以确保食材采购、储存、加工和出品的各个环节顺畅进行。通过合理的流程设计和人员配置，可以减少浪费和延误，提高后厨的工作效率。同时，优化后厨布局和设备配置，也有助于提高员工的工作效率，从而加快出餐速度，更好地满足顾客的需求。

食品安全是餐饮企业的生命线，后厨管理是确保食品安全的关键环节。通过严格的食材验收、储存和加工制度，可以确保食材的新鲜度和卫生状况。同时，定期的后厨清洁和消毒工作，也可以有效防止细菌滋生和传播。此外，对员工的食品安全培训也是必不可少的，这有助于提高员工的食品安全意识，确保他们在工作中遵守相关规定。

后厨管理的优劣直接影响菜品的质量和口感。通过精细化的后厨管理，可以确保菜品的口味稳定、品质优良。同时，合理的出品顺序和速度控制，也能让顾客获得良好的用餐体验。此外，对顾客的特殊需求和口味偏好进行关注和应对，也有助于提升顾客的满意度和忠诚度。

有效的后厨管理有助于餐饮企业控制成本。通过合理的食材采购和库存管理，可以减少食材的浪费和损耗。同时，通过优化工作流程和设备使用，也可以降低能源消耗和维修成本。此外，对员工的培训和激励，可以提高他们的工作效率和质量，从而降低人力成本。

综上所述，餐饮企业应高度重视后厨管理工作，不断优化和完善相关制度和流程，制定严谨的管理流程、完善的管理制度，从而实现规范化、标准化、制度化。同时，餐饮企业要加强后厨员工培训，通过后厨管理方式、手段及菜品制作方法的研发创新，帮助员工扩大知识面、端正工作态度，向员工传授工作技巧，以适应餐饮业的不断发展。

基于此，作者编写了本书，主要对岗位人员配备、原料验收与储存、原料加工管理、菜品制作管理、菜品质量控制、新菜品研发、生产成本控制、后厨卫生管理、后厨安全管理、常用设备管理共 10 大环节的 52 个细节进行了详细的讲解。

本书图文并茂，用浅显的语言和生动的图片对餐厅后厨管理工作全流程加以介绍，使读者不仅读起来轻松，而且可以快速掌握各大环节和细节的应对与处理方法。

由于作者水平有限，书中难免存在不足之处，敬请广大读者批评指正。

目　录 |contents

1

环节 4　菜品制作管理

环节 5　菜品质量控制

环节 6　新菜品研发

环节7　生产成本控制

环节8　后厨卫生管理

环节9　后厨安全管理

环节 10　常用设备管理

环节 1　岗位人员配备

确定厨房岗位人员配备时应综合考虑餐厅的规模、等级和经营特色，以及厨房的布局状况和组织机构设置情况等因素。人员配备是否恰当，不仅直接影响劳动力成本和厨师队伍的士气，而且会对厨房的生产效率、出品质量及生产管理产生不可忽视的影响。

岗位人员配备要领如图 1-1 所示。

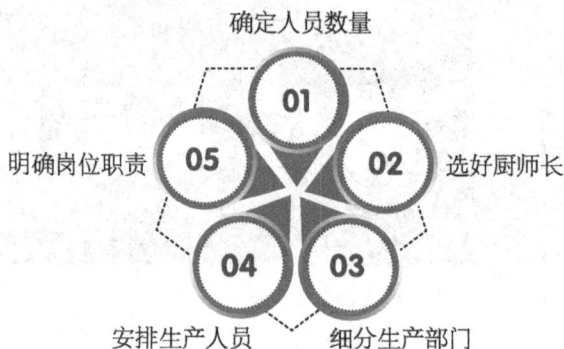

图 1-1　岗位人员配备要领

细节01：确定人员数量

餐厅规模及档次不同、菜品的规格及要求不同，厨房人员的数量也会不同。

（一）考虑因素

厨房确定人员数量时应综合考虑图 1-2 所示的因素。

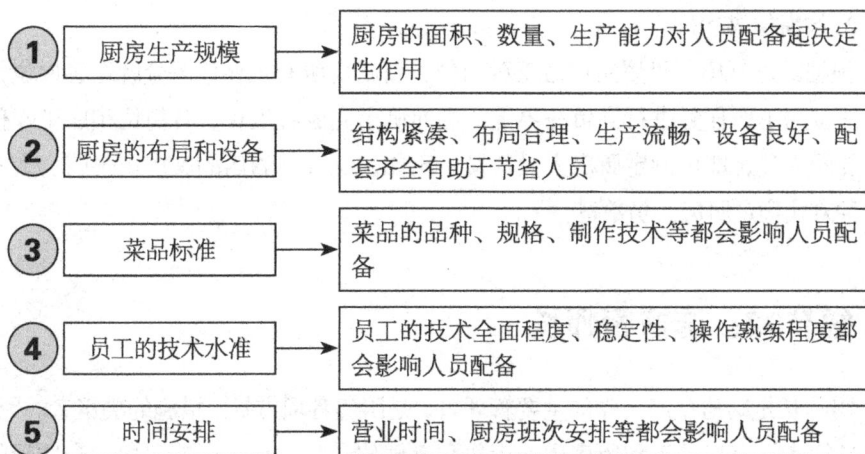

①	厨房生产规模	→	厨房的面积、数量、生产能力对人员配备起决定性作用
②	厨房的布局和设备	→	结构紧凑、布局合理、生产流畅、设备良好、配套齐全有助于节省人员
③	菜品标准	→	菜品的品种、规格、制作技术等都会影响人员配备
④	员工的技术水准	→	员工的技术全面程度、稳定性、操作熟练程度都会影响人员配备
⑤	时间安排	→	营业时间、厨房班次安排等都会影响人员配备

图 1-2　确定人员数量应考虑的因素

（二）确定厨房人员数量的方法

确定厨房人员数量的方法主要有三种。

1. 按餐位比例确定

确定厨房人员数量时较多采用的是按比例确定的方法，即按照餐位数和厨房各工种员工之间的比例确定。档次较高的酒店，一般 13 ～ 15 个餐位配 1 名生产人员；规模较小或规格较高的特色餐厅，一般 7 ～ 8 个餐位配 1 名生产人员。

粤菜厨房内部的员工配备比例一般为：1 名炉头配备 7 名生产人员。若有 2 名炉头，则配 2 名炉灶厨师，2 名打荷人员，1 名上杂人员，2 名砧板人员，1 名水台、大案（面点）人员，1 名洗碗人员，1 名择菜、煮饭人员，2 名走楼梯（跑菜）人员，2 名插班人员。若炉头有 6 个以上，则可设专职大案人员。

其他菜系的厨房内部的员工配备比例一般为：炉灶厨师与其他岗位人员（含加工、切配、打荷等）的比例是 1∶4，点心人员与冷菜人员的比例为 1∶1。

2. 按工作量确定

将规模、生产品种既定的厨房每天加工制作食品所需要的时间累加起来，即可计算出完成当天厨房所有生产任务的总时间，再考虑员工轮休和病休等缺勤因素（须加上一定的富余量，一般为总时间的 10%），然后除以每位员工的日工作时间（一般为 8 小时），即可算出厨房人员的数量。

计算公式为：

$$总时间 \times （1+10\%）\div 8 = 厨房人员数量$$

3. 按岗位描述确定

根据厨房规模，设置厨房各工种岗位，将厨房所有工作任务分解至各岗位，对每个岗位的工作任务进行满负荷界定，进而确定完成各工种、各岗位相应工作任务所需要的人员，即可确定厨房人员数量。比如，综合型酒店的客房用餐厨房大多采用这种方式确定厨房人员数量。

细节02：选好厨师长

厨师长是厨房生产工作的主要管理者，是厨房各项方针、措施的决策者。因此，厨师长的水平直接关系到厨房生产运作和管理的成败，直接影响厨房生产质量的优劣和厨房生产效益的高低。

（一）厨师长的基本素质

（1）必须具备优良的品德，严于律己，有较强的事业心，忠于企业，热爱本职工作。

（2）有良好的体质和心理素质，对业务精益求精，善于沟通，工作原则性强，并能灵活解决实际问题。

（3）有开拓创新精神和竞争意识，聪明好学，有创新菜品、把握和引领潮流的勇气和能力。

（二）厨师长应具备的专业知识

（1）熟悉不同菜系的风味特点，熟知特色原料、调料的性质、质量要求及加工使用方法。

（2）熟悉现代烹饪设备性能；熟知菜品的制作工艺、操作关键环节及成品的质量特点；勇于突破自我，有研发受顾客欢迎的新菜品的能力。

（3）懂得营养搭配，掌握预防食物中毒及食品卫生知识。

（4）懂得色彩搭配及食物造型艺术，掌握一定的实用美学知识。

（5）具有一定文化知识基础，了解不同地区顾客的风俗习惯、宗教信仰、民族礼仪和饮食禁忌，具备一定的口头和书面表达能力。

（6）熟知成本核算和控制方法，具备查看和分析相关财务报表的能力。

（三）厨师长应具备的管理能力

厨师长应具备图 1-3 所示的管理能力。

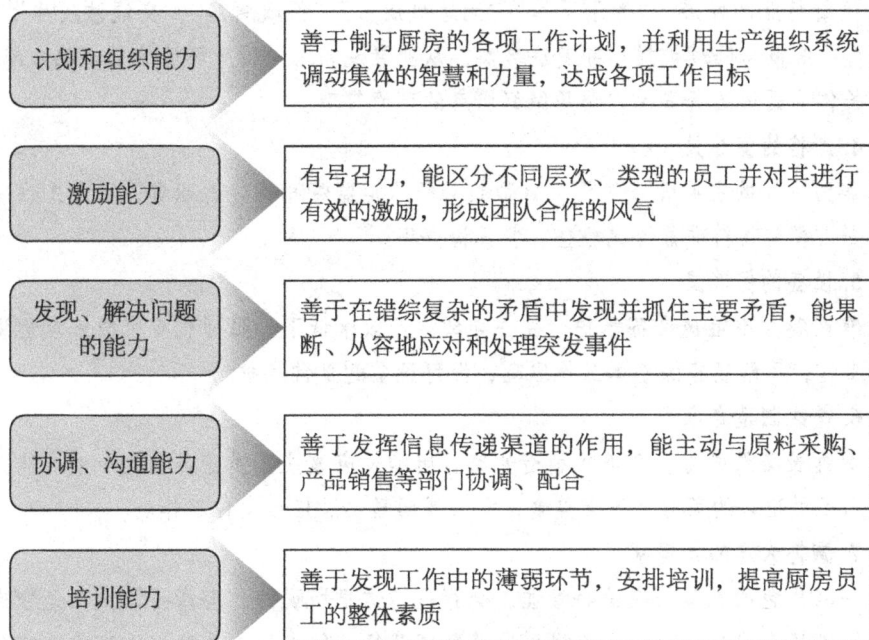

计划和组织能力	善于制订厨房的各项工作计划，并利用生产组织系统调动集体的智慧和力量，达成各项工作目标
激励能力	有号召力，能区分不同层次、类型的员工并对其进行有效的激励，形成团队合作的风气
发现、解决问题的能力	善于在错综复杂的矛盾中发现并抓住主要矛盾，能果断、从容地应对和处理突发事件
协调、沟通能力	善于发挥信息传递渠道的作用，能主动与原料采购、产品销售等部门协调、配合
培训能力	善于发现工作中的薄弱环节，安排培训，提高厨房员工的整体素质

图 1-3　厨师长应具备的管理能力

相关链接

厨师长要扮演好的角色

在厨房，厨师长发挥着关键作用。很多时候，厨师长都要身兼数职。这些工作，非全能手不能胜任。因此，厨师长要扮演好不同的角色。

1. 出色的考勤员

说到考勤，可能很多人会问："考勤不是人事部门的工作吗？与厨师长有什么关系呢？"其实，厨师长是厨师队伍的领头羊，要让一个队伍有战斗力，守时是最基本的要求之一，因此，厨师长应该成为一位出色的考勤员。

2. 原料验收员

原料验收是厨师长的重要工作之一。有些厨师长让下面的员工去做原料验收，往往导致标准一降再降。这样一来，原料质量也会一降再降，原料不能达标，菜品质量也就无从谈起了。

3. 厨房的"美容师"

随着行业的发展，"音乐厨房""无垃圾厨房""低碳厨房""交通法厨房""无水厨房"等概念陆续被提出并变成现实，从业者及顾客对厨房环境的要求越来越高。厨师长作为厨房的负责人，必须做好厨房的环境管理。

4. 严格的督导员

作为餐厅的主要管理人员，厨师长必须承担监督和指导的职责，如员工仪容仪表检查、餐前物料准备情况检查、餐具检查等。

5. 设备的保养员

有些餐厅不重视设备养护，往往导致生产效率低下。厨师长要积极地承担设备保养工作，了解设备的基本工作原理，做好设备的日常维护。

6. 美味制造专家

厨师长必须成为一名美味制造专家。厨师长应该注重提升自己的专业技能，如果厨师长做出来的菜都称不上美食，那么他明显不胜任该岗位工作。

7. 胸怀大志的指挥家

一名出色的厨师长应该会管理，会指挥。这里所说的"会指挥"，不是在出菜的高峰期高声喊叫，而是提前规划出菜顺序及每一位工作人员的工作流程，充分利用管理"金三角"——发现问题、处理问题、反馈问题，只有这样才能做到每一件事都有结果、都有流程。

8. 成本控制的核算员

餐厅盈利情况与厨房有很大的关系。想一想，生意很好但到了月底一算账却赔了钱，餐厅经营者会怎么想？为了避免这种情况，厨师长必须会做成本核算，控制好日成本和月成本，做到天天心中有数。

9. 宴请菜单的设计员

厨师长要懂得宴请菜单的设计。这是因为厨师长熟知厨房的技术能力与设备，设计的菜品可以保质保量地生产出来，并充分体现餐厅特色。

10. 厨房安全"守护神"

厨师长并非仅对灶台、凉菜间或面点间负责，而要对整个厨房负责。如果不能确保整个厨房的安全，就无法成为一名合格的厨师长。

细节03：细分生产部门

厨房一般会设加工、配菜、炉灶、凉菜和点心 5 个部门，各部门职能如表 1-1 所示。

表 1-1　厨房各部门职能

部门	职能
加工部门	（1）有的仅负责蔬菜的初加工，有的负责所有菜品的初加工 （2）有的负责将原料加工后提供给配菜部门
配菜部门	（1）原料加工成形和配份，这是加工的后一道工序 （2）控制菜品的数量和规格，从而控制成本
炉灶部门	（1）将配制的半成品烹制成菜品，并及时供应 （2）把控菜品的口味、质量
凉菜部门	（1）制作和供应凉菜 （2）通常还负责供应早餐
点心部门	（1）制作和供应各类点心 （2）有的还负责制作甜品、炒面类食品

细节04：安排生产人员

厨房生产岗位对员工的任职要求是不一样的，厨房管理者应充分根据人事部门提供的员工资料、岗前培训情况及员工的综合素质，将员工安排在合适的岗位。厨房管理者在安排生产人员时要注意以下两点。

（一）量才使用，因岗设人

厨房管理者要考虑各岗位对人员的素质要求，即岗位任职条件，使上岗的员工能胜任其岗位工作；要在认真细致地了解员工特长、爱好的基础上，尽可能照顾员工的意愿，让其有发挥聪明才智、施展才华的机会；要力戒照顾关系、情面，因人设岗，否则会给厨房生产和管理留下诸多隐患。

（二）不断优化岗位组合

厨房生产人员被分配到各个岗位后，岗位并非一成不变。在生产过程中，可能会有一些员工学非所用、用非所长，或者会出现班组群体搭配欠佳、团队协作精神缺乏等现象。这不仅会影响员工的情绪和工作效率，久而久之，还可能产生不良风气，妨碍管理。因此，优化厨房岗位组合是很有必要的，但在优化岗位组合的同时必须兼顾各岗位，尤其要保证关键岗位工作的相对稳定性和连贯性。

细节05：明确岗位职责

厨房各岗位职责如下。

（一）厨师长（行政总厨）

（1）主持厨房的业务管理工作。召开厨房各级会议，抓好员工思想教育；随时处理厨房内发生的问题，并及时向总经理汇报。

（2）调配厨房人员，协调不同班组的工作。了解员工情况，根据每位员工的专长合理安排工作；根据工作的繁简、任务的轻重，对厨房人员进行合理调配；根据员工工作表现予以奖惩。

（3）指挥大型和重要宴席的烹调工作，制定菜单，对菜品质量进行把关，遇重大任务应亲自操作以确保质量。

（4）准确掌握原料库存量，了解市场供应情况和价格。根据原料供应情况和顾客要求制定菜单及规格。审核每天的请购单，负责厨房每月的盘点工作，经常检查库存原料的质量和数量，合理安排原料的使用。高档原料的进货和领用必须经厨师长审核或开单，以把好成本核算关。

（5）指导主厨和领班的日常工作，做好班组之间的协调工作，及时解决工作中发生的问题，根据顾客要求不断改进菜品。

（6）培训、考核员工，进行定期或不定期的业务培训、技术交流、操作示范，力求业务统一化和规范化。不断研发新菜品，并保持地方菜的特色风味。

（7）抓好食品卫生和个人卫生工作，督促各班组严格遵守《中华人民共和国食品安全法》和食品从业人员"五四"制度，经常检查各班组的卫生和质量情况，把好原料的进货、验收关。

（8）经常与餐厅经理、销售经理、采购经理等联系协调，听取顾客意见，不断改进工作。

（二）主厨

（1）协助厨师长主持厨房的日常工作，当厨师长不在时，代行其职责。

（2）根据客源、货源、厨房技术力量和设备条件准备宴席菜单，经厨师长审核后落实到有关班组。每天提供各班组所需原料的请购单，由厨师长审定后交采购部。

（3）协调各班组之间的工作，检查各项工作任务的完成情况，及时向厨师长或部门经理汇报，提出改进意见。

（4）全面检查菜品质量。对于不符合烹调要求的原料，以及不符合规格、质量要求的成品和半成品，督促相关部门重做或补足，并对制作者进行相应的处罚。

（5）检查各班组的卫生情况。检查各班组的冰箱、橱柜、抽屉、工作台、门窗等的卫生情况，审核各班组卫生用品的领用情况。

（6）检查各班组人员的考勤情况，合理安排人手，根据工作需要确定加班人员和加班时间，指导所负责各班组领班的工作，检查各项任务的执行情况。

（7）制定每周的团体菜单，根据顾客不同的口味要求制定零点菜单和特定菜单，并指派专人制作。

（8）经常与餐厅经理、销售经理沟通，虚心听取顾客意见，不断提高菜品质量，满足顾客需求。

（三）各班组领班

各班组领班职责如表1-2所示。

表1-2 各班组领班职责

班组	领班职责
中餐点菜组、团体宴席组	（1）负责本班组日常行政和业务管理工作，当主厨不在时代行其职责 （2）掌握每天、每餐的团体宴席顾客人数、桌数或点菜顾客数，预测菜品的供应量。根据顾客要求及供应量领用原料并分别指派各班组加工制作 （3）考核本班组员工的出勤和工作实绩，并提供奖惩依据；落实卫生包干责任制，经常检查本班组员工个人卫生和包干卫生情况 （4）检查原料切配、菜品烹调质量。对所有食品都要从原料到半成品到菜品进行严格把关，将不符合质量要求的菜品退回重做。每天检查食品的质量和加工数量，以防食品变质，造成浪费 （5）检查预订菜品、团体菜品及宴席菜品的准备工作、烹调工作的进展情况，做好上下班交接以减少差错 （6）经常检查冰箱和其他厨房设备，确保所有设备的正常运转和清洁卫生，发现故障应及时向主厨汇报，并联系工程部修复

（续表）

班组	领班职责
中餐点菜组、团体宴席组	（7）召开本班组员工会议，随时针对员工的思想、纪律及技术问题给予帮助和教育指导。确定本班组员工的调配，指定重点顾客、豪华团体宴席菜品制作人员并督促落实 （8）经常与餐厅经理、销售经理等沟通，收集顾客对菜品的意见和建议，积极改进
中餐冷菜组	（1）接受主厨下达的任务，安排下属的具体任务，检查各岗位的工作情况 （2）负责员工考勤、食品领用和其他物料领用 （3）检查冷藏柜、冰箱、空调机等设备的运转是否正常，发现问题后及时与工程部联系并报告厨师长或主厨 （4）检查冷菜和拼盘制作，按食品卫生制度进行严格的质量把关。每天检查冰箱内食品的质量，按"先进先出"原则使用熟食品。变质食品绝对不能用于烹制拼盘并出售，生食品不得存入熟食冰箱。每天指定员工进行案板、工具消毒，严格检查下属的个人卫生 （5）每天根据实际供需情况开出食品原料请购单和原料粗加工单，并上报厨师长或主厨
中餐面点组	（1）接受主厨下达的任务，指导下属工作，合理安排人力，检查工作落实情况并做好交接班工作 （2）根据季节、用餐顾客情况及宴席标准设计点心款式，经常变换品种，以满足顾客需求 （3）领用食品和其他物料，检查下属的考勤情况，经常检查设备用具，使其保持清洁卫生 （4）检查主食和各种点心的质量、数量是否符合要求，经常与其他部门沟通，以便改进 （5）培训、考核下属
粗加工组	（1）负责本班组的日常管理和考核工作，检查下属的工作表现、组织纪律及操作规程的遵守情况、质量和卫生情况等 （2）领用和分发原料。根据点菜单、团体菜单和厨房各部门需求，有计划地安排原料的加工 （3）验收原料，严格检查领来的原料，坚决将变质原料退回采购部，并向厨师长或主厨汇报 （4）经常与其他班组沟通，保证提供新鲜原料。鲜活原料经加工后，由领班指派人员及时冷藏 （5）严格把关食品卫生。对于经粗加工后不符合烹饪要求的原料，须制止采用或要求重新加工。安排专人负责原料加工设备和加工场地的卫生工作

（续表）

班组	领班职责
粗加工组	（6）认真核实加工原料的进出，包括厨房各部的领用和员工食堂的领用，做好签单和记录工作，以便月末盘点 （7）合理安排人力，合理利用原料，不断提高工作效率

（四）厨房工作单元

厨房工作单元的职责如表 1-3 所示。

表 1-3　厨房工作单元的职责

工作单元	职责
中餐点菜组	（1）服从领班安排，根据主厨或厨师长制定的点菜单和当日特别菜品，做好点菜、时令菜品、夜宵和预订菜品的切配、烹调 （2）上班后，首先做好切配案板、工作台、灶面等的清洁卫生工作，准备好各种调味品。对油、醋、酱油、料酒等液体佐料要坚持过滤，以防杂物混入从而影响菜品质量 （3）切配人员按菜单领料、备货、涨发干货，认真细致地加工、准备各种原料，合理分档取料，使物尽其用；炉灶人员做好半成品制作工作，如油炸等，做好开餐前的各项准备工作 （4）加工使用原料时坚持"先进先出"原则。冰箱内的食品要存放整齐，生熟分放，并每天进行整理。变质食品不得加工出售，须报告厨师长处理 （5）为保证菜品质量，应严格按规格切配，不得短斤缺两，要掌握各种菜品的规格、质量、烹调方法，不得随意更改 （6）经常与服务员沟通，及时了解顾客的特殊要求。按菜单先后顺序切配、烹制菜品，保证顾客的等待时间合理 （7）掌握各种厨房设备的性能，了解其使用及保养方法，及时清洗，保持卫生 （8）开餐完毕应及时处理剩余的食品和原料，根据性质分别进行换水清洗或存入冰箱，存放好各种调味品并收拾好各种用具，做好收尾和交接工作
团体宴席组	（1）在领班的领导下，负责团体宴席菜品的切配、烹制，根据每餐团体菜单和不同标准的宴席菜单，有计划地领料、备货和涨发干货 （2）上班后，首先做好案板、工作台、灶台等的卫生工作，加足调味品并对液体调料进行过滤，做好开餐前的准备工作 （3）掌握每天、每餐的团体人数、桌数及就餐顾客的口味要求，严格按人数、桌数进行切配加工，减少浪费

11

（续表）

工作单元	职责
团体宴席组	（4）除少数须事先油炸、吊水、焖炖、烤的菜品外，其他炒、爆、烧、烩的菜品须现炒现吃，以保证菜品质量。重点顾客和豪华团的菜品须由专人烹调。同时，要保证早到顾客的用餐 （5）坚持饭菜质量、数量不符不上，容器不洁不上。宴席、风味菜的切配制作须精工细作，尤其是花色菜、火功菜，更应认真对待，不得随意改变风味特色。严格按菜单顺序和顾客要求控制出菜时间 （6）掌握各种厨房设备的使用、保养及清洁方法。开餐完毕应把剩余食品分类存入冰箱，做好收尾工作和交接工作 （7）不断提高切配、烹调工作的技术水平并不断创新
中餐冷菜组	（1）在领班的指导下制作冷菜 （2）每餐开餐前，根据就餐顾客数量预测团体及宴席的人数、桌数及口味要求，准备好冷菜，按规格拼制冷盘，保证及时供应 （3）严格把关食品卫生，对进货、领料、烧制成熟及拼制成形进行严格检查，防止食品污染。变质食品和不洁食品不得用于烧制拼盘。熟食品备料不宜过多，存放不宜过久 （4）严格按照规章流程工作，按规定对刀具、案板等消毒，不得使用未经消毒的餐具，操作人员的个人卫生须符合相关要求 （5）冷菜制作人员须掌握多种刀法及各种拼盘手法，食品造型要富有艺术性，做到色、香、味、形俱佳
面点组	（1）在领班的安排下完成中餐面食、花色点心和各种主食的加工工作 （2）每天早晨按散客、团体顾客的用餐人数准备好早餐点心，有些点心须现做现吃，不可提前一天做好，以免影响质量 （3）做好餐前准备工作，根据需要做好各种甜、咸点心的馅粉团的准备工作及其他准备工作 （4）认真细致地加工，少出废品、不出废品，严格按规程操作，确保定价合理 （5）馅料的准备应恰到好处，符合质量要求，不得使用不洁或变质馅料，尤其是在夏天，更要注意馅料的新鲜度 （6）面案操作人员须掌握水面、烫面、发面、油酥面、粉团面的性质及各种制作技巧，点心的蒸、炸、煮、烤、烙须由专人负责 （7）宴席、风味餐的花色点心品种要经常变换，不断创新 （8）掌握常用设备的使用、保养及清洁方法，保持面案清洁，及时洗刷不洁蒸笼、笼布
粗加工组	（1）在领班的领导下，负责所有肉类的处理、洗涤等加工和蔬菜的削、刮、剥、刨等加工，负责各种肉类和蔬菜的切割、整理 （2）根据菜品所需原料和就餐人数决定加工品种和数量，提前加工好各类原料并交付厨房使用

（续表）

工作单元	职责
粗加工组	（3）掌握切片机、绞肉机、锯骨机等设备的使用方法并负责这些设备的清洁卫生工作，掌握各种刀工技术和食品的保管方法 （4）合理使用原料，使物尽其用，及时将加工好的各种原料送入厨房或冰库、冰箱，以防变质 （5）加工原料须严格按照操作程序进行，遵守卫生要求和烹调要求，保存原料的营养成分，使菜品的色、香、味、形不受影响 （6）洗涤加工后将水池、案台、墩头清理干净，经常刷洗所用刀具、容器等，使其保持清洁，以免污染食品原料。经常检查冰箱内的库存情况，做到先进先出，并根据原料性质分别存放 （7）为适应工作需要，不断地改进工艺，提高工作效率

环节 2　原料验收与储存

原料的验收与储存是一项重要的工作，也是节约成本的一个重要环节。原料验收与储存工作要点如图 2-1 所示。

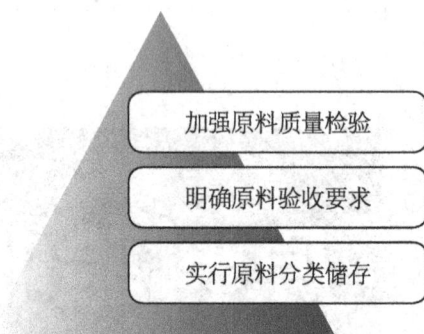

图 2-1　原料验收与储存工作要点

细节06：加强原料质量检验

原料质量的优劣可通过理化和微生物等检验方法来鉴别，但这需要适当的仪器和时间。而有经验的厨师可用感官初步判断原料的质量——从原料的形、色、味、声音等便可知其成色及新鲜程度，这是挑选原料时很便捷的方法，如图 2-2 所示。

图 2-2　食品原料质量的检验方法

（一）嗅觉检验

嗅觉检验就是运用嗅觉器官来闻原料的气味。许多原料都有一定的气味，如肉类有正常的香味，新鲜的蔬菜也有清香味。若有异味，则说明原料质量有问题。

（二）视觉检验

视觉检验就是对原料的外部特征（如形态、色泽、结构、斑纹）进行检查，以确定其质量。视觉检验的应用范围最广，凡是能根据经验直接用肉眼辨别质量的原料，都可以采用这种方法。

（三）味觉检验

人的舌头上面有许多味蕾，当味蕾接触外物、受到刺激时会有反应，无论甜、咸、酸、苦、辣，都可以辨别出来。对于有些原料，可以通过味觉检验来确定其质量。

（四）听觉检验

对于某些原料，可以用听觉检验的方法来确定其质量，如可以用手摇动鸡蛋，根据声音来确定蛋的好坏。

（五）触觉检验

手指是非常敏感的，触摸原料即可检验原料组织的粗细、弹性、硬度等，并以此确定其质量的好坏。肉类、蔬菜类都可以采用这种方法检查质量。

细节07：明确原料验收要求

（一）验收的基本要求

厨房在验收采购回来的原料时应遵守图 2-3 所示的基本要求。

1	包装	→	包装完整，无破损、挤压或开封痕迹
2	气味	→	新鲜的食品都有特定的气味，验收时可通过气味判定其质量
3	外观	→	外观（如色泽等）也是判定食品质量的一种方式
4	温度	→	食品对温度的要求很高，正确的低温配送与贮存对维持食品质量非常重要
5	口感	→	对于某些特定的可食性原料，用其他方式无法确知其质量时，试吃可能是最有效的方法之一
6	有效期限	→	确认有效期限，必须与订货时预估的使用期限相符

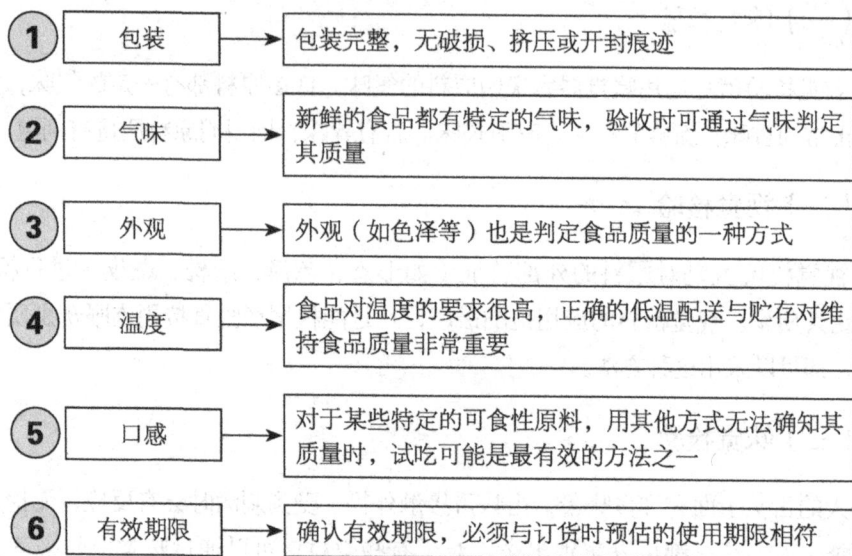

图 2-3　原料验收的基本要求

（二）冷藏（冻）品的验收要求

冷藏（冻）品的验收要求如图 2-4 所示。

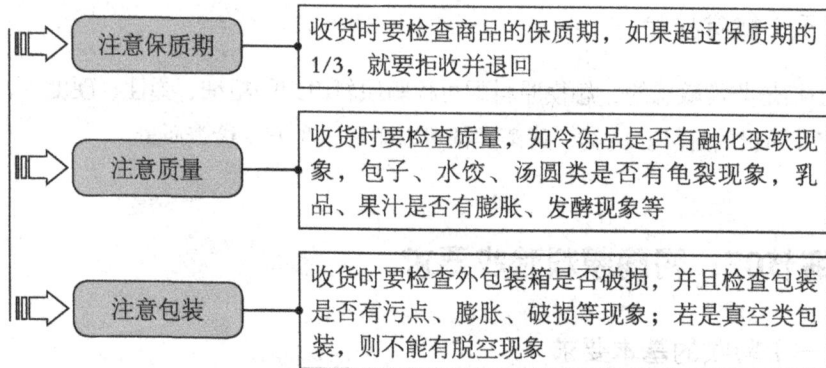

⇨	注意保质期	收货时要检查商品的保质期，如果超过保质期的 1/3，就要拒收并退回
⇨	注意质量	收货时要检查质量，如冷冻品是否有融化变软现象，包子、水饺、汤圆类是否有龟裂现象，乳品、果汁是否有膨胀、发酵现象等
⇨	注意包装	收货时要检查外包装箱是否破损，并且检查包装是否有污点、膨胀、破损等现象；若是真空类包装，则不能有脱空现象

图 2-4　冷藏（冻）品的验收要求

（三）蔬果的验收要求

（1）蔬果应具有该品种应有的特征，包括色泽、味道、形状等，要求新鲜、清洁、无异味、无病虫损害、成熟适度、无外伤。

（2）收货时要扣除包装物重量，但不能随意扣重。

（3）对于蔬果，验收人员须每日索取检验报告单。

（4）所有蔬果在验收时均须倒袋换筐，带有颜色的胶袋均须去除，采用菜篮盛装。

（5）对蔬果的总体要求为无腐烂、无过老，规格均匀，无冻伤、无失水、无严重机械伤、无病虫害、无过多黄叶，利用率高，气味正常，无泥沙、无外来杂物。

（四）肉类的验收要求

肉类的验收要求如图 2-5 所示。

"先入为主"原则：肉类验收要在所有原料验收之前进行

快速入库原则：验收一批入库一批，不允许出现等待一起入库的现象

图 2-5　肉类的验收要求

小提示　所有肉类从验收到入库所耗费的时间不得超过 20 分钟。在收货后，肉类应迅速放入冷库，尽量减少肉类暴露在常温中的时间。

（五）不符合验收标准的情况

验收时，若原料存在表 2-1 所示的情况，则不符合标准。

表 2-1　不符合验收标准的情况

类别	说明
罐头食品	凹凸罐，外壳生锈，有刮痕，有油渍
腌制食品	包装破损，有液汁流出，有腐臭味道，液汁浑浊或液汁太少，真空包装已漏气
调味品	罐盖不密封，有杂物掺入，包装破损、潮湿，有油渍
食用油	漏油，包装生锈，油脂混浊不清，有沉淀物或泡沫

（续表）

类别	说明
饮料	包装不完整、漏气，有凝聚物或其他沉淀物，有杂物，凹凸罐
糖果饼干	包装破损或不完整，内含物破碎、受潮，有发霉现象
冲调饮品	包装不完整，有破损，凹凸罐，内含物因受潮成块状，真空包装漏气
米、面食	内含物混有杂物，内含物受潮、结块，内含物生虫或经虫蛀，内含物发芽或发霉

相关链接

不同原料的验收标准

一、包装食品的验收

对于包装食品的验收，应注意以下几点。一是看配送的食品与公示的配送食品的品牌和规格是否相符。二是看食品包装和标签，观察外包装是否整洁干净，标签的字迹是否清晰完整，封口是否严实。若印刷质量差，字迹模糊不清，标注内容不全，没有生产日期等，则很可能是冒牌产品。同时还应注意该产品是否在保质期内。三是检查食品的色泽、状态、气味，观察其形状是否完整，有无异物。质量好的食品一般呈食品固有的色泽，块形、大小基本一致，完整不松散。

包装食品的具体验收标准如下。

1. 大豆油

一级大豆油质量指标：呈黄色或橙黄色，澄清透明，无气味，口感好；水分及挥发物不超过 0.05%，不溶性杂质含量不超过 0.05%，不得掺有其他食用油和非食用油，不得添加任何香精和香料。

验收时要做到"七看一闻一听一尝"，具体如下表所示。

大豆油的验收方法

方法	说明
七看	（1）看标识。看外包装上的商品名称和品牌，再看包装上有无生产日期、保质期，必须有企业食品生产许可（QS）标志 （2）看包装。看条码是否印制规范、是否有改动痕迹

（续表）

方法	说明
七看	（3）看色泽。正常大豆油呈微黄色、淡黄色、黄色或棕黄色 （4）看透明度。透明度可反映油脂纯度，要看透明度如何 （5）看有无沉淀。物高品质食用油无沉淀和悬浮物，黏度较低 （6）看有无分层。若有分层现象，则很可能是混杂油 （7）看油状。取干燥、洁净、细小的玻璃管，插入油中堵好上口慢慢抽起，看油状，若呈乳白状，则说明油中有水
一闻	闻气味，不同品种的食用油虽然各有独特气味，但都无酸臭异味
一听	听声音，听食用油燃烧时的声音，燃烧正常无响声的是合格产品
一尝	尝味道，带酸味的油是不合格产品

2. 面粉

特级、一级面粉质量指标：色泽呈白色或微黄色，不发暗；呈细粉末状，不含杂质，手指捻捏时无粗粒感，无虫子和结块，置于手中紧捏后放开不成团；具有面粉的正常气味，无异味；味道可口，淡而微甜，不发酸、刺喉、发苦、发甜，没有外来味道，咀嚼时没有砂声。

验收员在验收时要做到"一看二闻三摸四尝"，具体如下表所示。

面粉的验收方法

方法	说明
看	优质面粉呈白色或微黄色，手捻捏时呈细粉末状，置于手中紧捏后放开不成团。低质、劣质面粉色泽暗淡，呈灰白色或深黄色，发暗，色泽不均。如果过量添加增白剂，则呈灰白色，甚至青灰色
闻	手中取少量面粉可闻到其气味，优质面粉无异味。微有霉臭味、酸味、煤油味及其他异味的为低质、劣质面粉
摸	用手摸优质面粉时，手心有较强的凉爽感，握紧时成团，久而不散则说明水分过多
尝	取少许面粉细嚼，优质面粉味道淡而微甜。有异味，有酸、苦等异味和刺喉感，咀嚼时有砂声的为低质、劣质面粉

3. 食盐

食盐质量指标：白色、味咸，无可见的外来杂物，无苦味、涩味，无异臭。

4. 酱油

酱油质量指标：具有正常酿造酱油的色泽、气味和滋味，无不良气味，无酸、苦、涩等异味，不混浊，无沉淀物，无霉花、浮膜。

5. 黄豆酱

黄豆酱质量指标：呈红褐色或棕褐色，鲜艳、有光泽；有酱香和酯香；味鲜醇厚，咸甜适口，无酸、苦、涩、焦煳及其他异味；黏稠适度，无杂质。

6. 味精

味精质量指标：为无色至白色结晶或粉末，具有特殊的鲜味，无异味，无肉眼可见杂质。

7. 鸡精

鸡精质量指标：具有原、辅料混合加工后特有的色泽；香味纯正，无不良气味；具有鸡肉的鲜美滋味，口感和顺，无不良味道；形态为粉状、小颗粒状或块状。

8. 白砂糖

白砂糖质量指标：颜色洁白、无明显黑点，无异物，无异味，水溶液清澈、透明，味甜。

验收时要做到"一看二闻三尝四摸"，具体如下表所示。

白砂糖的验收方法

方法	说明
看	干燥、松散，洁白、有光泽，平摊在白纸上无明显黑点，颗粒均匀，晶粒有闪光，轮廓分明
闻	有清甜之香，无怪异气味
尝	溶在水中无沉淀物、絮凝物、悬浮物，溶液味清甜、无异味
摸	用干手摸时不会有糖粒黏在手上，整体松散

9. 酵母

一级酵母质量指标：呈淡黄色或淡黄棕色，具有酵母的特殊气味，无腐败，无异臭味，不发软、不黏手，无杂质异物。

10. 醋

醋质量指标：具有正常醋的色泽、气味和滋味，不涩，无不良气味、异味，无浮物，不混浊，无沉淀，无异物，无醋鳗、醋虱。

验收员验收时要区别真醋和假醋。

（1）真醋。真醋呈琥珀色、红棕色或无色透明，有光泽，有熏香、脂香或醇香；酸味柔和，稍带甜味，不涩，回味绵长；浓度适当，无沉淀物。

（2）假醋。假醋多用工业冰醋酸直接兑水制成，颜色浅淡、发乌，开瓶酸气冲眼睛，无香味；口味单薄，除酸味外，有明显苦涩味，有沉淀物和悬浮物。

验收员可从下表所示的几个方面鉴别其质量。

醋的验收方法

方法	说明
看	一看包装上是否有QS标志；二看颜色，优质红醋为琥珀色或红棕色
闻	闻香味，优质醋酸味芳香，没有其他气味
尝	尝味道，优质醋酸度虽高但无刺激感，酸味柔和，稍有甜味，不涩，无其他异味

11. 芝麻油

芝麻油质量指标：一般呈橙黄或棕黄色，具有芝麻油固有的气味和滋味，无异味；油色可变深，但不得有析出物。

12. 料酒

料酒质量指标：呈浅琥珀色或红褐色；具有醇香及料香，气味鲜美，略有咸味，无异味；澄清，透明，允许有少量聚集物。

13. 腐乳

腐乳质量指标：红腐乳表面呈鲜红色或枣红色，断面呈杏黄色或酱红色；白腐乳呈乳黄色或黄褐色，表里色泽基本一致；味道鲜美，咸淡适口，具有腐乳特有的气味，无异味；块形整齐，质地细腻，无外来可见杂质。

验收员验收时要注意：使用塑料盖子的腐乳瓶，若有液体流出，则腐乳很可能已变质；使用金属盖子的腐乳瓶，若有胀盖现象，则腐乳很可能已变质。

14. 挂面

挂面质量指标：色泽正常，均匀一致；气味正常，无酸味、霉味及其他异味；煮熟后口感不黏、不牙碜，柔软爽口。

验收员可从下表所示的两个方面鉴别其质量。

挂面的验收方法

方法	说明
看	一看标签标志。正规生产厂家的挂面包装上应印有完整的标签，如厂名、厂址、电话、生产日期、保质期、品名等。最重要的是要有 QS 标志 二看挂面的颜色和均匀度。如果是白挂面，颜色不能太白。同时，面体粗细要均匀，没有断裂的情况
闻	闻气味，若有酸味或其他异味，则为不合格产品

15. 烤肠

烤肠质量指标：肠体均匀饱满，无损伤，表面干净；密封良好，结扎牢固，肠衣的结扎部位无内容物；断面呈淡粉红色，组织紧密，有弹性，切片良好，无软骨及其他杂物；咸淡适中，鲜香可口，具固有风味，无异味；外包装须注明生产日期，应在规定的保质期内。

验收时若发现肠衣有破损的地方，则烤肠可能已变质。

二、散装食品的验收

对于散装食品的验收，下面以具有代表性的几个品种为例进行说明。

1. 大米

国标一级粳米质量指标：呈清白色或精白色，有光泽，半透明状；大小均匀，坚实丰满，料面光滑、完整，很少有碎米，无虫，不含杂质（如沙石、色素等异物）；此类大米中混有其他类大米的总限度为 5%，不完善粒所占比例不高于 4%，黄米粒所占比例不高于 2%，最大限度杂质所占比例不高于 0.25%，小碎米所占比例不高于 1.5%。

验收时要做到"一看二抓三闻四尝"，具体如下表所示。

大米的验收方法

方法	说明
看	看米粒，应大小均匀、丰满、光滑、有光泽，很少有碎米或黄粒米。不好的大米，碎米多，米粒没有光泽，有的甚至发乌
抓	好的大米抓后糠粉少
闻	取少量大米，向大米哈一口热气或用手摩擦，然后立即闻大米的气味，新鲜的大米有清香味，无异味
尝	取几粒大米放入口中细细咀嚼，新鲜大米微甜、无异味

2. 蔬菜

蔬菜质量指标：外观正常，无腐烂、霉变现象，有残留农药检测达标报告。不同蔬菜的验收标准如下表所示。

不同蔬菜的验收标准

名称	验收标准
白菜	优质的白菜叶柄肥厚，叶端蜷缩而互相结成球朵，分量重，无虫眼、黑斑。若叶片顶端彼此分离而向外翻卷，则菜心可能已经开始长苔
芹菜	枝梗挺直，色泽青翠，新鲜脆嫩，叶不枯萎变黄、未抽薹
萝卜	新鲜的萝卜外表光滑，色泽清新，水分充足。若表皮松弛或出现黑斑，则已经不新鲜了
洋葱	尚未发芽、捏起来坚实的为佳。若已发芽，则中间多已腐烂
马铃薯	薯块完整结实，表皮少皱纹，不出芽、不腐烂
青椒、番茄	果形完整匀称，果皮亮丽有光泽，无外伤、未萎缩
茄子	外形完整，外表紫红、有光泽，有弹性，无外伤，果蒂未裂开
香菇	菇伞紧密、无水伤，肉质肥厚细嫩。菇面有时呈微褐是正常现象，偏白则表明可能经漂白剂或荧光剂处理
南瓜	果皮完整、呈金黄色、无外伤
豇豆	颜色翠绿，表皮光滑
芋头	表皮干燥，棕纹明显，无蛀洞，不腐烂
胡萝卜	形体圆直，表皮光滑，色泽橙红，不分叉，无须根
姜	嫩姜，块茎白、肥满、具粉红色鳞片；粉姜，茎肥满、表皮光滑完整；老姜，不枯萎皱缩、不腐烂
青葱、大蒜	球白质嫩，叶片绿色、不枯萎，表面略有粉状，未抽薹、不腐烂
芽菜	以全株新鲜、叶片肥厚、茎粗大、不枯萎、不老化的为佳
菠菜、莴苣、茼蒿	叶片完整、肥厚、鲜嫩、饱满，不抽薹开花、少病虫斑点

辨别蔬菜新鲜度可采用"望闻问切"的方法，具体如下表所示。

辨别蔬菜新鲜度的方法

方法	说明
望	看蔬菜外观是否新鲜、色泽是否鲜艳
闻	闻蔬菜是否有农药味或其他异味

（续表）

方法	说明
问	问蔬菜的采购日期
切	捏一捏、摸一摸蔬菜，坚实、挺拔的为佳

3. 桂皮

桂皮质量指标：干燥、无虫蛀、无霉变、无异味、无污染、无杂质，具有本品应有的色泽，有天然芳香味或辛辣味。

验收员在验收桂皮时要区别正品与伪品。

（1）正品。正品外表面呈灰棕色，稍粗糙，有不规则细皱纹和突起；内表面红棕色、平滑，有细纹路，划之显油痕；断面外层呈棕色，内层呈红棕色且油润，近外层有一条淡黄棕色环纹；香气浓烈，味甜、辣。

（2）伪品。伪品外表面呈灰褐色或灰棕色，略粗糙，可见灰白色斑纹和不规则细纹理；内表面呈红棕色，平滑；气微香，味辛辣。

注意：受潮、发霉的桂皮不可食用。

4. 花椒

一等花椒质量指标：成熟果实制品具有本品应有的特征及色泽，颗粒均匀、干燥、洁净、无杂质，香气浓郁、麻味持久，无霉粒、无油椒。闭眼、椒籽两项所占比例不超过 5%，果穗梗所占比例不超过 2%。

5. 胡椒粉

胡椒粉质量指标：黑胡椒粉呈棕褐或灰黑混合色，白胡椒粉呈淡黄青灰色，黑白胡椒粉均具有新鲜刺鼻的辛辣气味，无异味，具有本品所固有的正常色泽，无肉眼可见的外来杂质。

6. 虾皮

一级虾皮质量指标：光泽好，肉质厚实，壳软，片大且均匀、完整，基本无碎末和水产夹杂物；具有本品固有鲜香味，无异味，无外来杂质，无污染，无霉变，不牙碜，无色变，不发黏。

7. 虾米

一级虾米质量指标：具有虾米固有的色泽，肉质坚实，大小均匀，个体肥满光滑；虾体基本无粘壳、附肢，基本无虾糠；口味鲜香，细嚼有鲜甜味；无外来杂质，无霉变现象。

8. 猪肉

猪肉质量指标：肌肉有光泽，红色均匀，脂肪为乳白色；纤维清晰，有坚韧性，按压后凹陷立即恢复，外表微湿润，不黏手；具有鲜猪肉固有的气味，无异味；煮熟后肉汤澄清透明，脂肪团聚于表面。

验收员在验收猪肉时要注意含"瘦肉精"的猪肉和"注水肉"。含"瘦肉精"的猪肉特别鲜红，纤维比较疏松，脂肪层很薄，通常不足 1 厘米。要辨别是否为"注水肉"，可以把卫生纸贴在肉的切面上，没有明显浸润或稍有浸润的为没有注水的肉；若明显浸润，则十分可疑。"注水肉"色泽偏淡或呈淡灰红色，有的偏黄，显得肿胀。鲜肉弹性强，按压后凹陷能很快恢复；"注水肉"则弹性较差，按压后凹陷恢复较慢，而且能见到液体从切面渗出。

另外，验收时要注意猪肉是否经过检疫，经过检疫的猪肉盖有检疫合格印章。要当心猪囊虫、猪瘟、猪丹毒病害猪肉。猪囊虫病害猪肉的主要特征是，肌肉中有米粒至豌豆大小的脂肪样颗粒；猪瘟病害猪肉的主要特征是，肉皮上有大小不一的出血点，肌肉中也有小出血点；猪丹毒病害猪肉的主要特征是，肉皮上有方形、菱形、圆形及不规则形突出的红色疹块。

9. 牛肉

牛肉质量指标：坚实且有弹性，脂肪呈白色或微黄色，具有牛肉固有的气味和滋味，无黏液，无霉斑，无腐败，无酸臭，无其他异味。

10. 禽产品

禽产品质量指标：眼球饱满、平坦或稍凹陷，皮肤有光泽，肌肉切面有光泽，并有该禽固有色泽；外表微干或微湿润，不黏手，有弹性，按压后凹陷能立即恢复；具有该禽固有的气味，煮沸后肉汤透明澄清、脂肪团聚于表面，具固有香味。

配送的整鸡、整鹅一律按鲜鸡、鲜鹅的标准和规格验收。

11. 水果

水果质量指标：外观正常，无腐烂、霉变现象，有残留农药检测达标报告。不同水果的验收标准如下表所示。

不同水果的验收标准

名称	验收标准
梨	果皮薄细，色泽鲜艳，果肉脆嫩、汁多，味香甜，无虫眼及损伤
苹果	果皮光洁，颜色艳丽，软硬适中，无虫眼、损伤，肉质细密，酸甜适度，气味芳香

（续表）

名称	验收标准
香蕉	香蕉以有褐色斑点的"梅花蕉"为佳，但要留意褐色斑点与象征着坏掉的黑斑的区别。若皮稍青，香气不够，放在密封胶袋中一段时间即可
龙眼	剥开时果肉透明、无汁液溢出、无薄膜，蒂部不可沾水，否则易变质。用水洗过的龙眼无法保存太久

12. 鸡蛋

鸡蛋质量指标：蛋壳清洁完整，以灯光透视时整个蛋呈微红色，蛋黄不见或略有阴影；打开后蛋黄凸起完整且有韧性，蛋白澄清透明，稀稠分明。

鲜鸡蛋外壳有一层白霜粉末，手指摩擦时应不太光滑；若鸡蛋不新鲜，白霜粉末就会脱落，鸡蛋就会变得很光滑。用手握住鸡蛋，对着光观察，好鸡蛋蛋白清晰，呈半透明状态，一头有小空室；而坏鸡蛋呈灰暗色，空室较大，可能还有污斑。摇一摇，凝而不散的鸡蛋比较新鲜，蛋黄散的鸡蛋多半不新鲜。

13. 淡水鱼

淡水鱼质量指标：体表有光泽，鳞片较完整且不易脱落，黏液不浑浊，肌肉组织致密有弹性，鱼鳃鳃丝清晰，色鲜红或暗红，无异臭，眼球饱满，角膜透明或稍有浑浊，肛门紧缩或稍有凸出。

验收员在验收时要区分正常的鱼和被污染的鱼，具体方法如下表所示。

区分正常的鱼和被污染的鱼的方法

方法	说明
观鱼形	被严重污染的鱼形态异常，有的头大尾小、脊椎弯曲甚至出现畸形，有的表皮发黄、尾部发青
看鳃、鳞、鳍	鳃是鱼的呼吸器官，大量的毒物可能蓄积在这里，被污染的鱼鱼鳃不光滑、较粗糙，呈暗红色。同时，还要看鱼的鳞、鳍。被污染的鱼鱼鳞异常，胸鳍、腹鳍不对称。辨别鱼体内是否有孔雀石绿，要先看鱼鳞的创口是否着色，受伤的鱼经过高浓度的孔雀石绿溶液浸泡后，表面会发绿，严重的还会呈青草绿色，而鱼鳍在正常情况下应该是白色的，经孔雀石绿溶液浸泡过的鱼鳍容易着色
闻鱼味	正常的鱼有明显的腥味，被污染的鱼则气味异常。由于污染物不同，被污染的鱼发出的气味各异，有的有大蒜味、氨味、煤油味或火药味等，含酚量高的鳃甚至可以被点燃

14. 豆腐

豆腐质量指标：呈白色或淡黄色，有豆香味，无异味；块形完整，有弹性，质地细嫩，无肉眼可见的外来杂质。

验收员在验收豆腐时要注意以下几点。

（1）豆腐的颜色应呈微黄色，若过白，则可能是添加了漂白剂。

（2）好的豆腐表面平整，无气泡，不出水，拿在手里摇时无晃动感，可闻到少许豆香味。

（3）配送的豆腐应全部为当天生产，若发现豆腐不够新鲜，应拒收。

15. 卜页

卜页质量指标：呈均匀一致的乳白色或淡黄色，有豆香味，味正、无异味；边缘整齐，厚薄均匀，厚度不超过 2 毫米；有韧性，无杂质，不黏手。

16. 豆腐干

豆腐干质量指标：形状完整，厚薄均匀，无焦煳，具有豆腐干固有的色泽和香味，无肉眼可见的杂质。

验收员在验收豆腐干时要注意，好的豆腐干表皮光洁，有光泽，呈褐色，有五香味，块形整齐，厚薄均匀，有韧性，对角慢慢对折不断。

17. 干香菇

一级干香菇质量指标：菌盖呈黄褐色或黑褐色，为扁半球形稍平展或伞形，菇形规整，菌褶黄色，菌盖厚度＞0.5 厘米，虫蛀菇、残缺菇、碎菇体不超过 2%，无异味，无霉变、腐烂，无虫体、毛发、动物排泄物、泥、蜡、金属等异物。

验收员在验收干香菇时要注意：菌盖厚的、完整的、不全开启的为佳，菌褶整齐细密的，菌柄短而粗壮的，边缘内卷、肥厚的为佳。

干香菇的验收标准如下表所示。

干香菇的验收标准

标准	说明
色泽	具有干香菇特有的色泽，多为黄褐色或黑褐色，以色泽鲜明亮丽的为佳。菌褶颜色以淡黄色至乳白色的为佳
香味	具有浓郁的、特有的香菇香气。无香味或有其他怪味的品质差
含水量	含水量以 11%～13% 为宜。不能太干，一捏就碎的品质不佳。太湿则不利于存放，易变质

18. 黑木耳

一级黑木耳质量指标：耳面呈黑褐色、有光亮感，背呈暗灰色；无拳耳、流耳、流失耳、虫蛀耳和霉烂耳，朵片完整；含水量不超过 14%，耳片厚度在 1 毫米以上，杂质含量不超过0.3%。

验收员在验收黑木耳时可从四个方面检验，具体如下表所示。

黑木耳的检验方法

方法	说明
眼看	凡朵大适度，耳瓣略展，朵面乌黑但无光泽，朵背略呈灰白色的为上品；朵稍小或大小适度，耳瓣略卷，朵面黑但无光泽的属中等；朵形小而碎，耳瓣卷而粗厚或有僵块，朵灰色或褐色的最次
手捏	通常优质的黑木耳含水量较少，取小量样品，手捏易碎，放开后朵片能很好地伸展，有弹性，说明含水量少，反之则过多
口尝	纯净的黑木耳口感纯正无异味，有清香气味，反之则多为变质或掺假品。常见掺假品用明矾水、碱水浸泡或用食糖水拌匀，可用口尝有无涩味、碱味、甜味加以鉴别
水泡	朵体质轻，水泡胀后发性好的属优质；体稍重，吸水膨胀性一般的为中等；体重，水泡胀后发性差的为劣质

19. 紫菜

紫菜质量指标：呈方、圆形片状或其他不规则状，干燥均匀，无霉变；呈紫红色或黑褐色，具有本品固有的光泽、气味与滋味，无异味；无正常视力可见的外来杂质，但允许有少量的硅藻、绿藻等杂藻。

验收员在验收紫菜时应注意以下三个方面。

（1）色泽以紫红色为佳。若发黑，则可能是隔年陈紫菜；若发红，则说明菜质较嫩。

（2）厚薄要均匀，无明显的小洞与缺角。若有小洞，则可能是在储存运输过程中保管不善，导致损坏。

（3）现在市场上有些不法商贩将隔年陈紫菜用食用油涂抹后冒充新紫菜销售，用纸一擦，纸上就会有油迹。陈紫菜无香味，入口有海腥味。

在此基础上，验收时应注意观察是否有霉变，包装是否结实、整齐美观，包装上是否标明厂名、厂址、产品名称、生产日期、保质期、配料等信息。

20. 鱼丸

鱼丸质量指标：具有本品固有的滋味，有弹性，不发黏，无异臭，无杂质；煮汤较清，不浑油。

21. 粉丝

粉丝质量指标：色泽洁白，有光泽，呈半透明状，丝条精细均匀，无并丝，手感柔韧，有弹性，复水后柔软、滑爽，有韧性，无外来杂质。

验收员在验收粉丝时可以采用"一看二闻三摸四尝"的方法，具体如下表所示。

粉丝的验收方法

方法	说明
看	色泽白亮，无肉眼可见的杂质
闻	具有豆类淀粉应有的气味，无其他异味，最好将粉丝用热水浸泡片刻再闻其气味
摸	手感柔韧，弹性良好，基本上无并丝、碎丝
尝	口感爽口嫩滑，劲道度适中

细节08：实行原料分类储存

原料的性质不同，储存条件也不同。同时，由于使用频率及数量不同，原料的存放地点、位置、时间要求往往有很大的差异。因此，餐厅要将原料分门别类地储存。

（一）原料干藏管理

原料干藏管理的基本要求如下。

（1）食品应放置在货架上，货架离墙至少10厘米，离地至少10厘米，如图2-6所示。

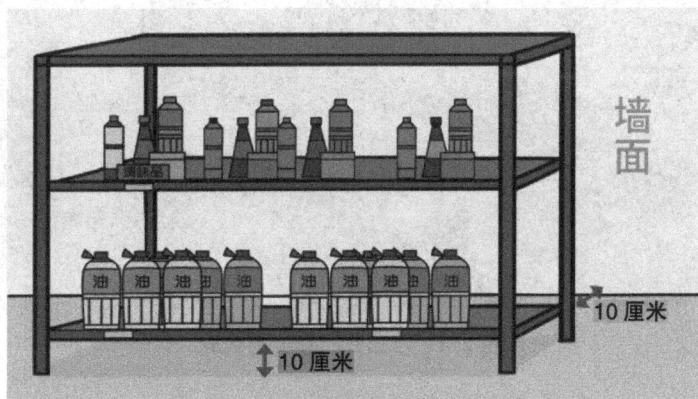

图2-6　离地隔墙存放示意图

（2）远离墙壁、自来水管道、热水管道和蒸汽管道。

（3）使用频率高的食品应存放在靠近入口的下层货架上。

（4）重的物品应放在下层货架上，轻的物品应放在上层货架上（见图 2-7）。

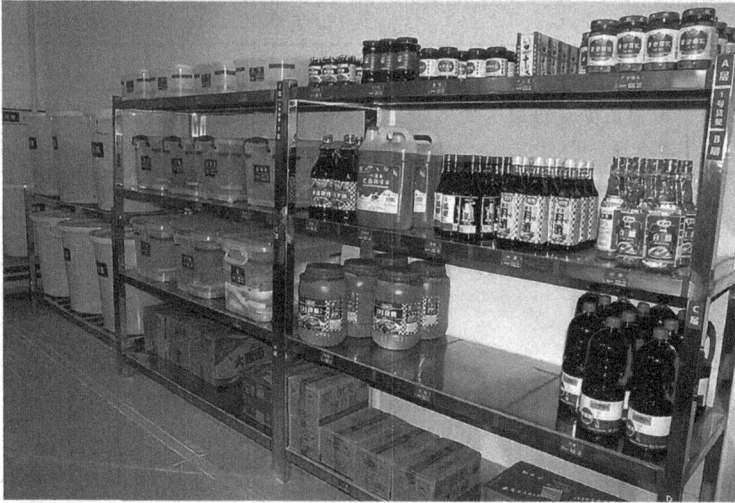

图 2-7　轻、重物品分层放置

（5）仓库中的食品应有次序地排列，分类放置（见图 2-8 至图 2-10）。

图 2-8　物品分门别类地存放

图 2-9　大米存放

图 2-10　新鲜的、当日要用的蔬菜用筐分类存放

（6）遵循"先进先出"原则。

（7）不能放在货架上的食品应放在方便取用的平台或车上。

（8）各种打开的包装食品应储存在贴有标签的容器里。

（9）有毒的货物，如杀虫剂、去污剂等，不得存放在食品仓库里。

（二）原料冷藏管理

1.原料冷藏基本要求

原料冷藏的基本要求如下。

（1）冷藏食品应经过初加工，可用保鲜纸包裹，以防止污染和干耗，存放时应选用合适的容器盛放，容器要干净（见图 2-11）。

图 2-11　初加工的食品分装在保鲜盒内冷藏

（2）热食品应凉后冷藏，盛放的容器须消毒并加盖，以防止食品干燥或污染，避免熟食吸收冰箱气味，加盖后要易于识别。

（3）存放期间为使食品表面的冷空气自由流动，放置时要确保距离适当，不可堆积过高，以免冷气透入困难。

（4）包装食品在储存时不可碰水，不可存放在地上。

（5）易腐的蔬果要每天检查（见图 2-12），发现腐烂情况时须及时处理并清洗存放处。

图 2-12　蔬菜分类冷藏

（6）不同的原料要分开存放（见图 2-13），例如，鱼虾类要与其他食品分开，奶品要与有强烈气味的食品分开。

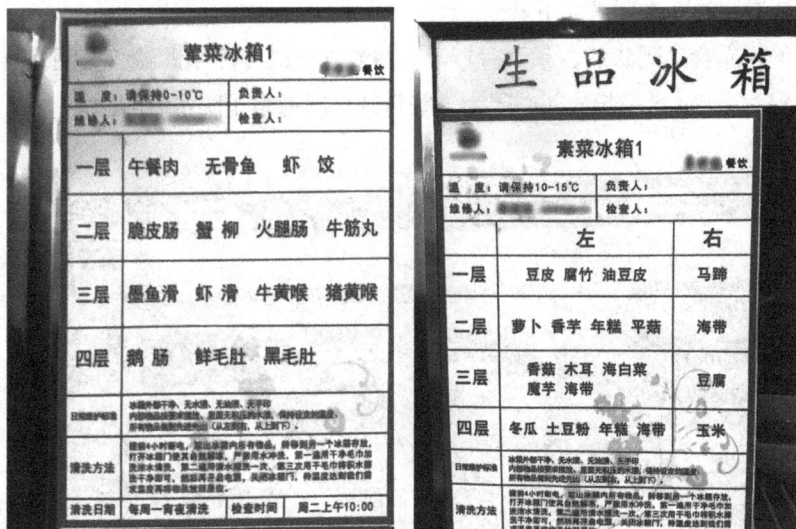

图 2-13 不同的原料用不同的冰箱分层存放

（7）存、取食品时要尽量缩短开启门或盖的时间；要减少开启冷藏库的次数，以免温度产生波动，影响储存效果。

（8）随时关注冷藏库的温度。

（9）定期清洁冷藏库。

2. 不同原料的冷藏温湿度要求

不同原料的冷藏温湿度要求如表 2-2 所示。

表 2-2 不同原料的冷藏温湿度要求

原料	温度	相对湿度
新鲜禽畜肉类	0℃～2℃	75%～85%
新鲜鱼、水产类	−1℃～1℃	75%～85%
蔬菜、水果类	2℃～7℃	85%～95%
奶制品类	3℃～8℃	75%～85%
一般原料	1℃～4℃	75%～85%

（三）原料冻藏管理

1. 原料冻藏基本要求

原料冻藏的基本要求如下。

（1）冰冻食品到货后，须及时置于−18℃以下的冷库中贮藏（见图2-14），贮藏时要连同包装材料一起放入，因为这些包装材料通常是防水气的。

图2-14　生熟食分类冷冻

（2）所有新鲜食品中需冻藏的应先速冻，妥善包裹后再储存，以防止干耗或表面受污染。

（3）存放时要使食品周围的空气自由流动。

（4）冷冻库的开启要有计划，需要的东西应一次性拿出，以免冷气流失、温度波动。

（5）需要除霜时应将食品移入另一冷冻库，以利于彻底清洗冷冻库，通常应选择在库存最少时除霜。

（6）取用时遵循"先进先出"原则，轮流交替存货。

（7）任何时候都要保持货架整齐清洁。

（8）定期检查冷冻库的温度。

对于原料冻藏，厨房可以使用表2-3所示的冷冻库温度检查表对冷冻库进行管理。

表 2-3　冷冻库温度检查表

月份：

日期	7：00	9：00	11：30	14：00	17：00	20：00	22：00	检查人员
1								
2								
3								
4								
5								
...								
31								

2. 冻藏原料库存时间

冻藏原料库存时间如表 2-4 所示。

表 2-4　冻藏原料库存时间

原料名称	库存时间
牛肉	9 个月
小牛肉	6 个月
羊肉	6 个月
猪肉	4 个月
家禽	6 个月
鱼	3 个月
虾仁鲜贝	6 个月
速冻水果和蔬菜	3 个月

（四）酒类储存管理

1. 一般储存要领

酒类极易被空气与细菌侵入而发生变质，因此须合理储存，否则变质概率就会变高。

储存酒类时应注意以下事项。

（1）设置不同的酒架，常用的酒如啤酒置于外侧，贵重的酒置于内侧。

（2）要有微弱的能见度。

（3）不可将酒与有特殊气味的物品并存，以免破坏酒的味道。

（4）尽量避免震荡，否则易导致酒丧失原味，密封箱勿常搬动。

（5）将酒放置于阴凉处，避免阳光直射。

2.各类酒的储存方法

各类酒的储存方法如表2-5所示。

表2-5　各类酒的储存方法

酒类	储存方法
啤酒	贮藏啤酒的仓库应保持清洁、干燥、通风良好，严防阳光直射，仓库内不得堆放杂物，温度宜在5℃～20℃
白酒	白酒的保存是很讲究的，保存得好，酒就会越放越香。在保存白酒的过程中要十分注意温度、湿度和密封情况，还要注意装酒的容器，容器的封口要严密，防止漏酒和"跑度"。环境温度一般不得超过30℃
葡萄酒	（1）酒瓶必须斜放、横躺或倒立，以便酒液与软木塞接触，以保持软木塞的湿润 （2）理想的温度为10℃～16℃，相对湿度为60%～80%，但湿度超过75%时，酒瓶上的商标容易发霉 （3）恒温比低温更重要，要远离热源，如热水器、暖炉等 （4）避免强光、噪声及震动 （5）避免与有异味、难闻的物品（如汽油、溶剂、油漆、药材等）放在一起，以免酒吸入异味
果酒	果酒在保存时容易出现干耗和渗漏现象，还容易遭到细菌的侵扰，因此须注意保持清洁卫生和封口牢固。温度应保持在8℃～25℃，相对湿度应保持在75%～80%。果酒不能与有异味的物品混放，酒瓶不能受阳光直射
黄酒	（1）储存黄酒的环境应凉爽，温度变化不大，一般在20℃以下，相对湿度一般为60%～70%。黄酒的储存温度不是越低越好，如低于−5℃，黄酒就会受冻、变质，甚至结冻破坛。所以，黄酒不宜露天存放 （2）黄酒堆放应平稳，堆放酒坛、酒箱一般不得超过4层，每年夏天倒一次坛 （3）黄酒不宜与其他有异味的物品或酒水同库储存 （4）黄酒储存时不宜经常受到震动，须避免强烈的光线照射 （5）不可用金属器皿储存黄酒

各类酒的储存期限差异极大，有的是越陈越香越珍贵，有的却耐不住久放。对一般餐厅来说，酒是一种饮品，并非主要产品，但餐厅仍要根据《中华人民共和国食品安全法》的规定，明确标示其制造日期或保存期限。

环节3　原料加工管理

加工过程包括原料的初加工和细加工，初加工是指对原料进行初步整理和洗涤，细加工是指将原料切制成形。在这个过程中应对加工的净料率、质量和数量进行严格控制。厨房可以从图 3-1 所示的三个方面来加强原料加工管理。

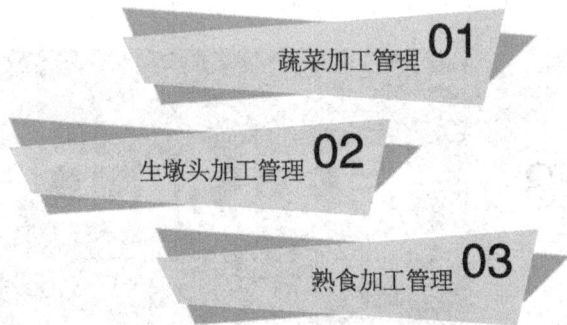

蔬菜加工管理 **01**

生墩头加工管理 **02**

熟食加工管理 **03**

图 3-1 原料加工管理

细节09：蔬菜加工管理

蔬菜加工是加工过程中一项基本工作，主要包括蔬菜的粗加工和细加工。

（一）加工前的准备工作

加工人员在加工前应做好以下准备工作。

（1）根据规定穿好工作服（见图 3-2），将手清洗干净并消毒，穿上不易打滑的鞋。

（2）准备好要使用的工具，并检查刀具是否有锈迹，若有，须先将刀具磨亮至无锈。

（3）检查砧板，砧板若凹凸不平，定会影响正常工作，因此，若发现砧板凹凸不平，应报告本部门负责人，请相关人员处理。

图 3-2　加工人员穿戴工作服上岗

（二）粗加工

蔬菜粗加工作业管理内容如表 3-1 所示。

表 3-1　蔬菜粗加工作业管理

管理项目	具体要求
作业要求	（1）根据蔬菜的种类和使用标准，对蔬菜进行择、削等处理，如择去干老的叶子，削去皮、根、须，择除老帮，等等 （2）对于一般蔬菜，择除可按规定的净料率进行 （3）需要消毒的蔬菜应进行消毒处理
质量标准	（1）无老叶、老根、老皮等不能食用的部分 （2）修削整齐，符合规格要求 （3）无泥沙、虫卵，洗涤干净，控干水分 （4）合理放置，不受污染
加工步骤	（1）按需要的数量备齐各种蔬菜，准备用具 （2）按烹调要求对蔬菜进行拣择或去皮，或取其嫩叶、芯 （3）将经过择、削等处理的蔬菜分别放入水池清洗 （4）将经过清洗的蔬菜捞出，放在专用的带有漏眼的塑料筐内控干水分，分送到各厨房内的专用货架上或送冷藏库暂存待用 （5）清洁场地，清运垃圾，清理用具并妥善保管

（续表）

管理项目	具体要求
注意事项	（1）遵循"先清洗，后加工，再清洗"的要求，即在粗加工结束后，先将原料送到专用的蔬菜清洗池中清洗干净，然后进行细加工。细加工结束后，根据蔬菜性质，对加工完的蔬菜再次进行清洗，清洗干净后的蔬菜盛装在干净的盛具（菜筐）中，不得着地存放 （2）清洗蔬菜时须将黄叶、泥沙、杂草等清除干净，还要将腐烂变质、有虫眼的部分处理掉，但应注意节约用料和用水 （3）粗加工时，一次只能加工一种原料；对于暂时不必加工的原料，应将其清理出操作台，重新放回货架并整理整齐 （4）仔细检查蔬菜有无老鼠咬过的痕迹及蟑螂爬过留下的异味，一旦发现，立即予以隔离、标示，上报本部门负责人予以销毁，并由本部门负责人查明原因 （5）在粗加工的过程中应集中注意力，加工人员不得随意闲聊、开小差，如果不小心割伤、摔伤，立即按规定程序处理 （6）每加工完一个品种，加工人员应及时将操作台和地面上的残留物清扫干净，并倒入垃圾袋中。所有品种加工完毕后，将所有垃圾一起倒入带盖的垃圾桶

（三）细加工

1. 细加工过程

（1）每次只能加工一个品种，对于粗加工完毕但暂不进行细加工的原料，应将其放在货架上或指定位置，不得着地存放、层叠置放。

（2）注意合理用料并避免将残留物掉在地面上，保持地面干净。

（3）加工完一个品种后，应立即放入水池清洗干净，注意将黄叶、泥沙、杂草等清除干净。若不能立即送到炒菜间，则应将其用容器（菜筐）盛好后，放在货架上或指定位置把水沥干，不得着地存放、层叠置放（见图3-3）。若需立即送到炒菜间，则在搬运的过程中应根据相关规定操作并将其置放在炒菜间的货架或指定位置，不得着地存放、层叠置放。

（4）蔬菜不得与荤菜、餐具、拖布混用清洗水池（见图3-4）。

（5）每加工完一个品种，加工人员应及时将操作台和地面上的残留物清扫干净，并将其倒入带盖的垃圾桶。

图 3-3　蔬菜清洗干净后分类存放

图 3-4　水池标识明显、分类明确

2. 几种常见形状的细加工参考标准

加工人员对原料进行细加工时，应根据原料的质地和形状、菜品烹调方法及厨师等的要求，将原料加工成不同的形状，并应尽可能做到均匀、符合标准。常见形状的细加工参考标准如表 3-2 所示。

表 3-2　常见形状的细加工参考标准

形状		标准	操作方法
块状	正方块	边长为 1.5～2 厘米	用切或剁等刀法先将原料切成 1.5～2 厘米厚的片，然后将其切成 1.5～2 厘米宽的条状，再将条切成边长为 1.5～2 厘米的方块

43

（续表）

形状		标准	操作方法
块状	长方块	长3厘米、宽1.5厘米、厚1厘米	将原料切成1厘米厚的片，顺片的长边将其切成1.5厘米宽的条，再切成约3厘米长的块
	滚刀块	长2.5厘米，宽、厚均为1.5厘米	在切的过程中，刀刃与原料成斜角，下刀的同时摆动或移动原料，将其切成长2.5厘米，宽、厚均为1.5厘米的不规则但形体大小基本一致的三棱体
片状	长方片	长4厘米、宽2厘米、厚0.2～0.3厘米	将原料切成0.2～0.3厘米厚的片，顺片的长边将其切成2厘米宽的条，再切成约4厘米长的片
	菱形片	厚0.2～0.3厘米、短轴3厘米、长轴4厘米	先将原料切成厚0.2～0.3厘米的薄片，顺片的长边将其切成2.5厘米宽的长片，刀刃与原料成斜角，切成厚0.2～0.3厘米、短轴3厘米、长轴4厘米的菱形片
丝状		长6厘米、粗0.2～0.5厘米	先将原料切成厚薄均匀的片，再将片码整齐，左手将原料压紧，然后根据原料的性质采用横切或直切的方式切丝
条状	长方条	长4～5厘米，宽、厚0.8～1厘米	先将原料切成4～5厘米长的段，然后将段切成0.8～1厘米厚的片，再将片切成0.8～1厘米宽的条
丁状		长、宽、厚均为0.8～1.2厘米	先将整形后的原料切或剁成0.8～1.2厘米厚的片，然后顺其长边将其切成0.8～1.2厘米宽的长条，将长条顶刀切或剁成边长为0.8～1.2厘米的丁
末状		长、宽、厚均为0.05厘米	先将整形后的原料切成条状，然后顶刀切成小丁，再用剁的方法剁碎，或者先将原料拍碎或拍裂再剁成末

经过细加工的蔬菜应分类存放，具体如图3-5所示。

图3-5　经过细加工的蔬菜分类存放

细节10：生墩头加工管理

生墩头加工的工作内容主要包括加工前的准备工作、领料、原料检验，以及粗加工、细加工。

（一）加工前的准备工作

（1）根据规定穿好工作服，穿上不易打滑的鞋。

（2）准备加工要使用的各种工具。

（3）用消毒水将手清洗干净。

（二）领料

（1）加工人员在加工冷冻食品时应将食品彻底解冻，再进行加工。

（2）加工人员应在每日下班前将次日所需的冷冻肉制品从冰库中取出，放在荤菜清洗池或其他容器中解冻（晚上温度在 25℃以上时，应在早上 8 点或其他合适的时间取出）；解冻时，应任其自然解冻，切忌在静水中浸泡，更不能采用温水浸泡。

（3）加工人员到冰库领取当日所需的加工原料时，应当遵守酌量领取和逐一领取的要求，即每次到冰库只领取本时段所加工的量，并且在某种原料加工完后才领取另一种原料，以免复冻造成原料质量降低或腐烂变质。

（4）在加工期间，若遇供应商直接将需加工的原料送来，应将本时段暂时不必加工的部分用适当的容器盛装好后送入冰库冷藏，本时段需加工的部分可存放在操作台上。

（三）原料检验

加工人员在加工前应检查需加工的原料是否新鲜。

（四）粗加工

1. 粗加工质量标准

厨房生墩头粗加工质量标准如表 3-3 所示。

表 3-3　厨房生墩头粗加工质量标准

类别	质量标准
禽类	（1）宰杀部位与开口适当，放尽血液 （2）煺尽羽毛与嘴、爪黄皮，洗涤干净 （3）除净内脏，分别将内脏杂物去净 （4）分类合理放置，避免污染
畜肉类	（1）选择使用的部位合理、准确，使不同的部位都能物尽其用 （2）按规定除净污物、杂毛、筋腱、碎骨等 （3）分类加工，整齐盛放，不同菜品使用的原料不能盛放在一起
水产类	（1）整鱼要除尽污秽杂物、去净鱼鳞，需要保留鱼鳞的则要完整保留，洗涤干净 （2）鱼头的加工按去鳃、洗净、斩切的步骤进行，斩切按标准菜谱的要求进行 （3）活虾除去须、壳、泥肠、脑中污沙等 （4）整只河蟹刷洗干净，捆扎整齐。需切块的，按菜品要求切成大块；需剔取蟹粉、蟹肉的，剔肉去壳，使壳中不带肉，肉中无碎壳，蟹肉与蟹黄分别放置 （5）整只海蟹去尽爪尖及其他不能食用的部分
动物内脏	（1）将各种动物内脏上的污物、油脂、筋膜等清除干净 （2）需要用清水浸泡的应按规定进行浸泡处理

2. 粗加工操作管理

厨房生墩头粗加工操作管理要求如表 3-4 所示。

表 3-4　厨房生墩头粗加工操作管理要求

操作流程	具体要求
加工时的清洗工作	（1）加工人员对肉类进行加工时，须遵循"先清洗，后加工，再清洗，再加工，再清洗"的原则，即在粗加工前、粗加工后、细加工后均先将原料送到专用的荤菜清洗池清净，然后才能进行加工 （2）荤菜不得与蔬菜、餐具、拖布共用清洗水池，应设立专门的洗菜池、洗肉池等 （3）每次清洗干净的原料须盛装在干净的容器（菜筐或菜盘等）中，不得着地存放；肉类（包括鲜肉或冷冻肉）加工前后均不得直接着地存放 （4）肉类食品在清洗前应先修割，去除肉上的毛、血污等。肠、肚等内脏应与肉类分开清洗、存放 （5）水产品应刮掉鳞，除掉内脏、鳃、血污、黏液、沙砾等，并用流水冲洗干净

（续表）

操作流程	具体要求
加工时的清洗工作	（6）宰杀活禽后，应放尽血、煺净羽毛、开膛除净内脏、摘除食管后，再清洗干净 （7）将黏附在蛋壳上的禽粪等污物清洗干净
粗加工结束后的处理	（1）将未使用的原料和其他原料分类后装入菜筐或菜盘，并放入冰箱或冰库中冷藏（冷冻），同时注意生熟分存放，成品与半成品分开存放 （2）整理、清洗地面、墩头、抹布、刀具等 （3）刀具清洗完毕后，用抹布抹干，放在干燥通风的地方保存（在长时间不用的刀具的刀面上涂一层油） （4）垃圾用塑料袋装好后倒入垃圾桶，并将垃圾桶送到指定的地方存放
加工后冰库的保存	（1）冰库的温度应保持在 -20℃～ -1℃，肉制品、水产品、乳制品等分开存放，易滴血水的放在下层 （2）及时清理冰库，保持无霜、无血水、无冰碴，冰库不可过满，以免影响空气流动而降低冷藏效果，食品之间要有一定的空间 （3）工作人员应每天对冰库进行检查。若冰库有温度高于 -1℃或出现严重结霜等异常情况，应及时向本部门负责人汇报，请维修人员前来维修
注意事项	（1）加工时避免让残留物掉在地面上，注意保持地面干净 （2）每加工完一个品种的原料，应及时将操作台和地面上的残留物清扫干净，并倒入带盖的垃圾桶；墩头用刀具刮干净，同时对水池、刀具、抹布等进行清洗 （3）加工人员加工时应集中注意力，不得随意闲聊、开小差，若不小心割伤、摔伤等，须按规定程序处理

（五）细加工

加工人员对水产品和肉制品原料进行细加工时，应根据原料的质地和形状、菜品的烹调方法及餐厅的规范将其加工成不同的形状。

细节11：熟食加工管理

熟食加工主要是指对肉类熟食的加工，须在特设的熟食间进行，要做好加工期间的卫生工作。

（一）加工前的准备工作

（1）加工人员根据规定穿好工作服，穿上不易打滑的鞋。

（2）准备加工时使用的各种工具（清洁剂、刀、专用毛巾和抹布等），检查刀具和砧板，并对其进行消毒。

（3）清理、清洁熟食间。

（4）检查熟食间的温度，若不合适，调整到合适的温度。

（5）加工人员应戴上口罩和帽子，避免污染熟食。

（二）加工规定

1. 禁止事项

（1）熟食间内严禁加工生食海水产品，也不得加工其他非熟食（凉菜）、堆放杂物。

（2）个人使用的茶杯、饭碗、毛巾等生活用品不得放入熟食间，应根据本部门的统一安排放置在指定地点（见图3-6），并贴出"温馨提示"告知员工需要注意的事项。

图3-6　厨房员工水杯、毛巾指定存放处

2. 加工前确认保质期

每加工一种熟食前，加工人员应先检查其是否已过保质期或该类熟食是否有异味等；若发现保质期已过或有异味，应立即予以隔离并对该类品种进行彻底检查，上报部门负责人批准后采取销毁措施。

3. 未加工或已经加工的熟食的存放

（1）加工人员加工熟食时，每次只能在操作台上摆放一个品种，对暂时不加工的熟食应做如下处理：若是真空包装，则应事先用专用毛巾将其包装表面抹净后放入保鲜柜；若是裸装，则应将其盛在菜盘中，放在货架上。

（2）每加工完一种熟食，应将其盛在干净的菜盘中，放在货架上。

（3）货架上未加工的熟食与加工后的熟食应分开存放，同时存放在货架上时不得重叠堆放，以防上层菜盘的底部污染下层的熟食。

4. 加工期间的卫生工作

（1）加工熟食时，应将加工切除的部分及包装袋等丢弃在垃圾袋中，不得随处丢弃。

（2）每加工完一种熟食，应先用刀具刮干净墩头，再用专用毛巾将墩头表面擦净，然后才能加工另一品种的熟食。

（3）在加工熟食期间，不得随处放置专用毛巾或暂时不用的刀具，应将其放置在消毒后的操作台上或墩头边；清洁用的抹布不得污染操作台表面、墩头、熟食、刀具等，而且要与专用毛巾隔离。

（4）加工人员离开熟食间后返回时或手接触了其他未经消毒的用具时，应重新用消毒水对手进行消毒。

（5）加工人员暂时离开时，应将刀具插入砧板中，不得乱放。

（6）在加工过程中，加工人员必须戴好口罩（口鼻完全遮住），并集中注意力，不得随意闲聊、开小差；在工作过程中，若不小心割伤、摔伤，须按规定的程序处理。

（7）熟食间和保鲜柜的门把要用以消毒水浸泡过的毛巾包裹，以便在用手接触时及时消毒。

（8）加工期间须关好门窗，以防止苍蝇等进入熟食间，同时应禁止闲杂人员入内，保证熟食不被污染。

5. 几种常用熟食原料的加工标准

加工人员对熟食原料进行加工时，应根据熟食原料的质地和形状及厨师等的要求，将其加工成不同的形状。常用熟食原料加工标准如表 3-5 所示。

表 3-5　常用熟食原料加工标准

品种	形状	标准
羊肉、牛肉	片	长 4 厘米，宽 2.5 厘米，厚 0.2 厘米
	块	长 4 厘米，宽 2.5 厘米，厚 1.2 厘米
	丁	长 1.2 厘米，宽 1.2 厘米，厚 1.2 厘米
方肠	片（整形）	厚 0.8 厘米
	长方片	长 4 厘米，宽 2 厘米，厚 0.2 厘米
	条	长 4 厘米，宽 0.8 厘米，厚 0.8 厘米
	丝	长 6 厘米，宽 0.2 厘米，厚 0.2 厘米
鸡肝、鸭肝	片	长 4 厘米，宽 2.5 厘米，厚 0.2 厘米
猪肚	片	长 4 厘米，宽 2.5 厘米，厚 0.2 厘米
	丝	长 6 厘米，宽 0.2 厘米，厚 0.2 厘米
鸡胗、鸭胗	片	长 4 厘米，宽 2.5 厘米，厚 0.2 厘米
	丝	长 6 厘米，宽 0.2 厘米，厚 0.2 厘米
卤鸡、酱鸭	小方块	长 2 厘米，宽 2 厘米，厚 2 厘米

（三）加工注意事项

（1）熟食品应酌量加工，未使用的熟食（当餐经加工但未售完的熟食或裸装但未加工完的熟食）不得在下餐直接出售，回锅充分烧熟煮透后方可出售。

（2）熟食、凉菜等应按当餐的需要量制作，放置在 20℃以下温度的时间不得超过 3 小时。

（四）加工后的整理和清洁

当某一时段（上午或下午）的加工任务结束后，加工人员应对熟食间进行整理和清洗。

（1）将没有包装袋的熟食或包装已打开但未加工的熟食盛在菜盘中，放入保鲜柜；用保鲜膜覆盖好菜盘并将保鲜柜温度调至 0℃～ 10℃。

（2）整理、清洁地面、操作台等。

（3）专用的刀具等用热水清洗干净后抹干，专用毛巾应晾干，刀具应放在墩头表面，连同墩头表面用专用毛巾或纱布覆盖。

（4）墩头表面先用刀具刮干净，再用热水清洗，最后用专门毛巾抹干并在其表面覆盖专用毛巾或纱布。

（5）将垃圾倒入垃圾桶，立即将垃圾桶送到指定地点存放。

（五）熟食间每日紫外线消毒

（1）熟食间每日必须进行紫外线消毒。消毒前，将所有食品放入保鲜柜或清理出熟食间。消毒时间须在 1 小时以上，应在晚上进行。消毒时，应告知本部门值班人员关灯。消毒完毕后由值班人员做好记录。

（2）灯管应悬挂在室内中央距离地面 2.5 米左右。紫外线灯管使用 1 000 小时后应予以更换。

环节 4　菜品制作管理

菜品制作过程是确定菜品色泽、质地、口味、形态的关键，因此厨房应加强菜品制作管理，可按图 4-1 所示的流程进行监控。

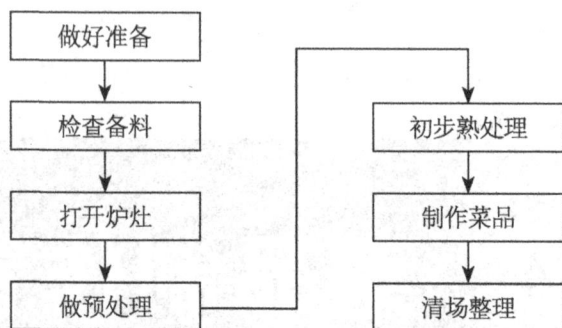

图 4-1　菜品制作流程

细节12：做好准备

（1）根据规定穿好工作服（见图 4-2），洗手并消毒，穿上不易打滑的鞋。

（2）检查各种工具，如炒锅、马勺、菜铲、大勺子、洗帚、抹布等。

图 4-2　操作时穿工作服、戴工作帽及防飞沫口罩

细节13：检查备料

（一）调料

（1）工作人员应及时到调料仓库中将调料车拉到炒菜间，并检查本时间段（上午或下午）所需调料是否足够，如果估计可能在工作期间缺货，则应及时到调料仓库领足本时段所需的调料（如盐、味精、色拉油、生粉、酱油、黄酒、醋、糖、豆瓣酱等），但对于在天气较热时易变质的调料，每次不宜领取过多。

调料车或其他地方的调料若有变质或超出有效期的情况，应立即向主厨、领班或本部门负责人等汇报，并在隔离、调查完原因后采取销毁等措施。

（2）调料车上的调料在夏天一般应每两天清理一次。

（3）领料前或领料后应及时填写领料单。

（4）调料车或其他的容器应有明显的标识，以避免混淆。

（5）各类调料倒进容器后应摆放整齐（见图4-3）。

图 4-3　调料摆放整齐

（二）原料

（1）对于各加工处送过来的原料，应将其用菜筐（熟食用菜盘）等容器装好后放于货架上；应根据原料的不同性状将其放在相应的荤菜架或素菜架上。

（2）放原料时，应根据生熟隔离、半成品与成品隔离等要求，将生鲜食品、制成品、半成品等隔离放置（见图 4-4），以免交叉污染；对于从冰库等处领出来的荤菜、剩余饭菜及前一天剩下的蔬菜等，应检查有无异味、变质等，若存在上述现象，则立即采取隔离措施，向相关人员汇报，并在调查清楚原因后采取处理措施。

图 4-4　原料分类装盘摆放于货架上

细节14：打开炉灶

在领好原料和调料后，根据规定将炉灶等设备打开，打开时要注意安全，以防发生火灾、煤气泄漏等事故。

细节15：做预处理

对于肉片、肉丝、大排、猪肝、鱼条等原料，应事先根据不同的需要上浆、挂糊等。

（一）作业标准

（1）较嫩原料的糊浆宜偏稠，较老原料的糊浆宜偏稀；经过冷冻的原料的糊浆宜偏稠，新鲜的原料的糊浆宜偏稀；挂糊上浆后立即烹制的，糊浆宜偏稠，挂糊上浆后并不立即烹制的，糊浆宜偏稀。

（2）调制糊浆宜先慢后快、先轻后重。用水调制糊浆时，由于刚开始水分和淀粉尚未调和，黏性不足，因此搅拌时应先慢、轻，随着黏性逐渐增强，再加快、加重。调制糊浆时要防止产生粉团。

（3）挂糊上浆时，糊浆应均匀包裹原料。

（4）糊浆应搅拌均匀。

（二）作业步骤

（1）调制糊浆：面粉 50 克，干生粉 5 克，马蹄粉 5 克，花生油 20 克，盐 2 克，老面 20 克，碱面适量，水 55 克，搅拌均匀。

（2）调料用料要合理，调味要准确，浓度要适当，色泽应符合菜品要求。

（3）将需要上浆的原料放入专用盆，白色菜品的上浆原料要先漂洗，然后控干。

（4）根据烹调菜品的要求，分别调制不同原料所需糊浆，并将需要上浆的原料置于盆中抓匀。

（5）对于需要浆制时间较长的原料，把已浆制好的原料放入相应容器，用保鲜膜封好后，放入冷库暂存。

（6）整理上浆所需调料等用料，清洁上浆用具并归位，清洁工作区域，清除垃圾。

细节16：初步熟处理

对于部分在烹调前需进行初步熟处理的原料，应根据其性质进行熟处理，如焯水、过油、走红等。

（一）焯水

焯水的要求如图 4-5 所示。

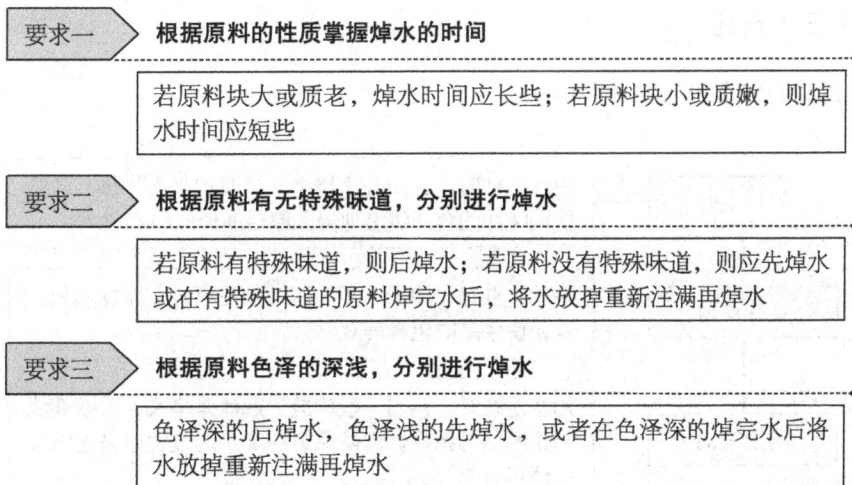

要求一	根据原料的性质掌握焯水的时间
	若原料块大或质老，焯水时间应长些；若原料块小或质嫩，则焯水时间应短些
要求二	根据原料有无特殊味道，分别进行焯水
	若原料有特殊味道，则后焯水；若原料没有特殊味道，则应先焯水或在有特殊味道的原料焯完水后，将水放掉重新注满再焯水
要求三	根据原料色泽的深浅，分别进行焯水
	色泽深的后焯水，色泽浅的先焯水，或者在色泽深的焯完水后将水放掉重新注满再焯水

图 4-5　焯水的要求

（二）过油

过油的要求如图 4-6 所示。

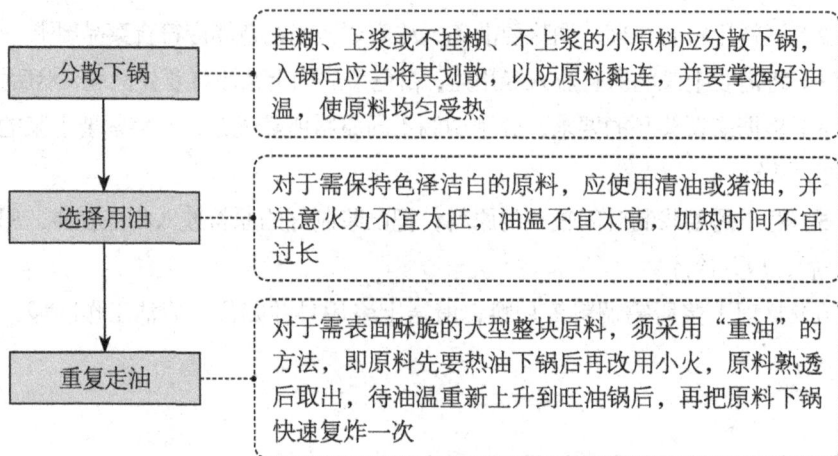

```
┌──────────┐      ┌─────────────────────────────────┐
│ 分散下锅 │┈┈┈┈┈│挂糊、上浆或不挂糊、不上浆的小原料应分散下锅，│
└──────────┘      │入锅后应当将其划散，以防原料黏连，并要掌握好油 │
     │            │温，使原料均匀受热                 │
     ▼            └─────────────────────────────────┘
┌──────────┐      ┌─────────────────────────────────┐
│ 选择用油 │┈┈┈┈┈│对于需保持色泽洁白的原料，应使用清油或猪油，并 │
└──────────┘      │注意火力不宜太旺，油温不宜太高，加热时间不宜 │
     │            │过长                             │
     ▼            └─────────────────────────────────┘
┌──────────┐      ┌─────────────────────────────────┐
│ 重复走油 │┈┈┈┈┈│对于需表面酥脆的大型整块原料，须采用"重油"的 │
└──────────┘      │方法，即原料先要热油下锅后再改用小火，原料熟透 │
                  │后取出，待油温重新上升到旺油锅后，再把原料下锅 │
                  │快速复炸一次                       │
                  └─────────────────────────────────┘
```

图 4-6　过油的要求

> **小提示**　把控油温是过油的关键，要根据不同的菜品选择合适的油温。

（三）走红

走红的要求如图 4-7 所示。

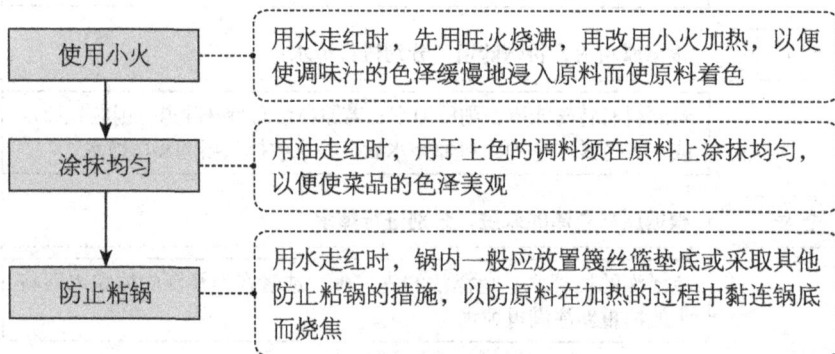

```
┌──────────┐      ┌─────────────────────────────────┐
│ 使用小火 │┈┈┈┈┈│用水走红时，先用旺火烧沸，再改用小火加热，以便 │
└──────────┘      │使调味汁的色泽缓慢地浸入原料而使原料着色     │
     │            └─────────────────────────────────┘
     ▼            ┌─────────────────────────────────┐
┌──────────┐      │用油走红时，用于上色的调料须在原料上涂抹均匀， │
│ 涂抹均匀 │┈┈┈┈┈│以便使菜品的色泽美观                 │
└──────────┘      └─────────────────────────────────┘
     │            ┌─────────────────────────────────┐
     ▼            │用水走红时，锅内一般应放置篾丝篮垫底或采取其他 │
┌──────────┐      │防止粘锅的措施，以防原料在加热的过程中黏连锅底 │
│ 防止粘锅 │┈┈┈┈┈│而烧焦                           │
└──────────┘      └─────────────────────────────────┘
```

图 4-7　走红的要求

细节17：制作菜品

厨师应根据主厨或领班的安排及菜品的性状等对部分原料做初步处理，再根据不同原料的性状或相关人员的要求采用炒、烧、爆、熘、煎、贴、烹、煮、炖、焖、煨、扒、蒸、烩等方法制作出相应的菜品，操作时应掌握好火候。

（一）调料投放的基本要求

厨师在烧制菜品时，应根据顾客意见及菜品要求等，认真做好调料的投放。调料投放的基本要求如图 4-8 所示。

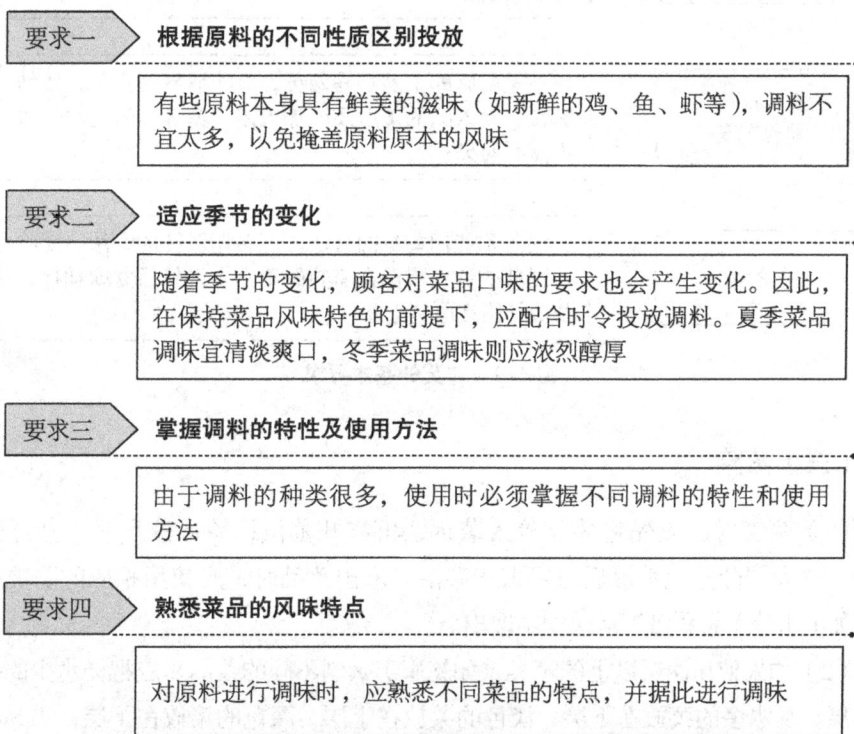

要求一 ▷ **根据原料的不同性质区别投放**

有些原料本身具有鲜美的滋味（如新鲜的鸡、鱼、虾等），调料不宜太多，以免掩盖原料原本的风味

要求二 ▷ **适应季节的变化**

随着季节的变化，顾客对菜品口味的要求也会产生变化。因此，在保持菜品风味特色的前提下，应配合时令投放调料。夏季菜品调味宜清淡爽口，冬季菜品调味则应浓烈醇厚

要求三 ▷ **掌握调料的特性及使用方法**

由于调料的种类很多，使用时必须掌握不同调料的特性和使用方法

要求四 ▷ **熟悉菜品的风味特点**

对原料进行调味时，应熟悉不同菜品的特点，并据此进行调味

图 4-8 调料投放的基本要求

味精一般应在菜品将熟时投放，并随即翻拌出锅，投放时间不宜过早。

（二）勾芡的基本要求

勾芡的基本要求如图 4-9 所示。

勾芡时油量 不宜过多	若油量过多，则芡汁不易包裹原料，易使汤菜分离；应在菜品将熟时勾芡，若勾芡过早，则汤汁易焦，过晚则会导致菜品加热的时间过长，失去嫩脆的口感
锅中汤汁必须 适量	若汤汁过少，可沿锅边再浇适量汤汁，然后勾芡；若汤汁过多，可用旺火收汁再勾芡
注意勾芡的顺序	用单纯的芡汁勾芡时必须在菜品口味、颜色调准后进行；若勾芡后调味，则菜品难以入味，而且菜品色泽也难以调好
根据菜品决定 是否勾芡	并不是所有的菜品都需勾芡，口味清爽的豆芽，质地脆嫩、易入味的黄瓜及已加入酱、糖等调料的红烧鱼不需要勾芡
泼芡的运用	大锅菜不能用勾芡的方法，而多用泼芡的方法，即将很稀薄的淀粉水泼在将熟的菜品上，然后立即翻拌，使芡汁附在原料上

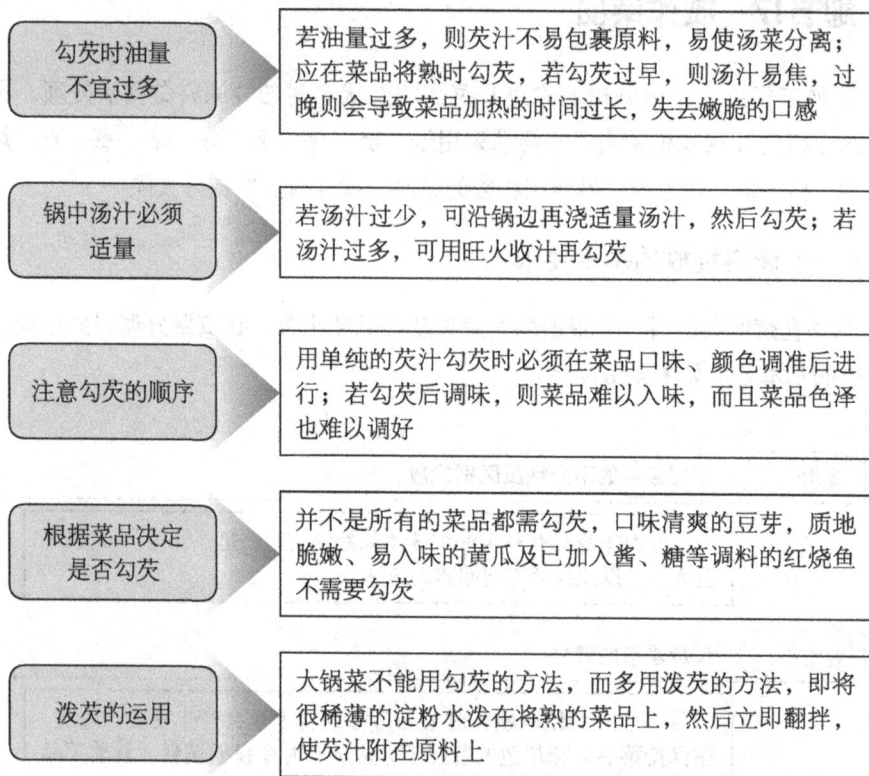

图 4-9　勾芡的基本要求

（三）蒸菜

（1）蒸菜时，应先将菜品放入蒸锅，再打开蒸汽；关掉蒸汽后，打开蒸锅盖子，待大部分蒸汽消散后方可取出菜品。取出菜品时，应使用相应的防烫伤用具（如毛巾等）将菜盘等从蒸锅中取出。

（2）如果使用两层以上的蒸具（如笼屉）蒸制不同的菜品，应把汤水少的菜放在上层，汤水多的菜放在下层；淡色的菜放在上层，深色的菜放在下层；不易熟的菜放在上层，易熟的菜放在下层。

（四）其他注意事项

（1）豆浆、四季豆、扁豆、整鸡及虾等水产品与肉制品、隔餐的菜品等须烧熟烧透。

（2）在品尝菜品时，要用马勺将菜品汤汁盛于小碗中品尝或用炒勺品尝后在水龙头处用清水清洗炒勺，汤汁不得重新倒入锅内。

（3）烹调时应避免使身体过于靠近油锅、蒸锅，防止被热油、蒸汽灼伤，注意正确操作燃气灶、蒸锅等设备。

（4）每种菜品蒸好或炒好后，由传菜人员按规定操作将菜品送到顾客桌上。

（5）餐厅经理、厨师长指定专人对主副食品制作过程进行抽查验证，并做好抽检记录。

（6）菜品烹调完毕后，要及时盛盘，快速送给顾客，避免变凉。

细节18：清场整理

菜品制作完毕后应做好以下工作。

（1）将当日遗留的肉制品及水产品等送入冰库冷藏；肉制品在冰库中冷藏时，须将其与其他原料隔离。未用蔬菜用菜筐盛好后整齐摆放在蔬菜货架上，并用干净的纱布盖好。

（2）根据规定做好灶台、地面、墙壁等处的整理及卫生工作（见图4-10），注意砧板要竖放（见图4-11）。

（3）将工具、盒子等摆放整齐（见图4-12）。

图 4-10　灶台整洁，锅具归位

图 4-11　砧板、刀具分类存放

图 4-12　调料入盒，加盖存放

环节 5　菜品质量控制

菜品的质量直接影响餐厅的就餐人数及经济效益，对餐厅声誉也有较大的影响。因此，采取切实有效的措施，加强菜品质量控制，是餐厅后厨管理工作的重要环节。

菜品质量控制措施如图 5-1 所示。

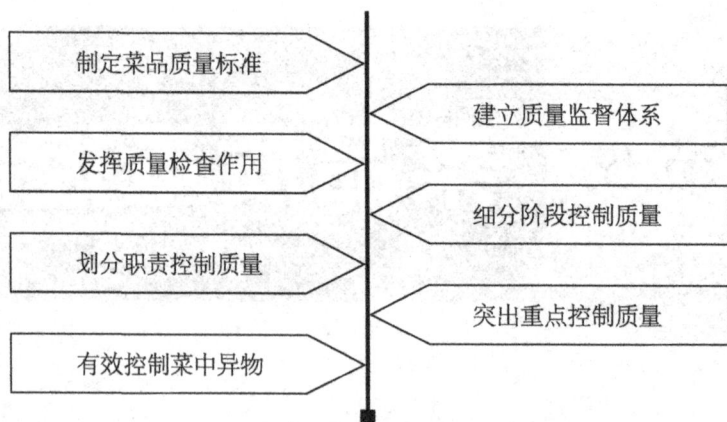

图 5-1　菜品质量控制措施

细节19：制定菜品质量标准

菜品制作系手工操作，经验性较强，而且厨师个人烹饪技术有差异，厨房分工合作的工作方式会使菜品的数量、形状、口味等缺乏稳定性，导致同一菜品的出品差异很大。

制定菜品质量标准，既可统一菜品的规格，使其标准化和规格化，又可解决厨师各行其是的问题。菜品质量标准，既是对厨师制作菜品的要求，也是管理者控制菜品质量的依据。菜品质量标准通常有以下几种。

（一）标准菜谱

标准菜谱是各类菜品统一的标准，它是菜品加工数量、质量的依据，能使菜品质量保持基本稳定。使用标准菜谱可节省制作时间和精力，避免食品浪费，而且有利于成本核算和控制。标准菜谱多采用条目的形式，列出主辅料配方，规定制作程序，明确装盘形式和容器规格，指明菜品的质量标准、成本、毛利率和售价。

制定标准菜谱的要求是：原料名称应确切并按使用顺序列出；配料因季节原因需改用替代品的应加以说明；叙述应确切，尽量使用本地厨师较熟悉的术语，本地厨师不熟悉或不普遍使用的术语应加以详细说明；由于烹调的温度和时间对菜品质量有直接影响，应列出操作时的加热温度和时间范围，以及制作中菜品应达到的程度；应列出所用炊具的品种和规格，炊具也是影响菜品质量的因素之一；说明菜品质量标准和上菜方式时要言简意赅。标准菜谱的制定形式可以灵活变通，但标准菜谱一定要有实际指导意义，它是一种菜品质量控制手段，也是厨师的工作手册。

（二）菜品投料单

菜品投料单就是根据菜品基本特点以简单易懂的方式列出的主、配料及各种调料的名称和数量。菜品投料单以文字或表格的形式放在配菜间中的醒目位置。

（三）标量菜单

标量菜单就是在每个菜品下面列出用料配方，以此作为厨房备料、配份和烹调依据的菜单。标量菜单会被呈送给顾客，使顾客清楚地知道菜品的成分及规格。标量菜单既是厨房选料的依据，也可以发挥让顾客监督的作用。

（四）出品质量标准

出品质量标准是指各类菜品出品时的口味、分量、装盘等方面的标准。

表 5-1 是某餐厅后厨的出品质量标准。

表 5-1　出品质量标准

类别	出品质量标准
凉菜	（1）所有凉菜的制作须按冷荤食品安全操作程序进行，确保无残留农药、交叉污染等食品安全事故发生 （2）不得使用腐烂变质、过期及无检验合格证明的原料 （3）生吃类食品要新鲜，确保卫生、无菌、无沙土、无蚊虫 （4）凉拌菜品的温度要符合该菜品的制作要求但不可结冰 （5）青菜类凉拌菜须保证既熟又脆、色泽青绿、口感脆爽 （6）菜品必须按出品标配卡要求（包含顾客要求）制作

（续表）

类别	出品质量标准
凉菜	（7）菜品须按高标准出菜，做到"分量不足不出，不合标准不出"（原料在切制时须大小、粗细、厚薄一致，配菜时主料与配料的比例要按成本卡标准量化，配置同一菜品、同一规格应始终如一，不能今天多、明天少，规格、质量和样式风格都要保持统一） （8）出品时须装盘（特殊器皿除外），并且装盘要饱满、自然、挺拔，点缀和围边不能喧宾夺主，盛装的菜品不得占用盘子的边缘 （9）菜品的成品中不得出现异物、飞虫等 （10）所有出品无原料不新鲜、腐败变质等现象 （11）不得使用违反食品安全规定的食品添加剂 （12）出品时须做到容器无污垢、无缺口、无破损 （13）上菜必须按顺序，先来先做，每道凉菜的制作时间不超过10分钟 （14）为需配备佐料的菜品配齐相应的佐料（如酱牛肉等） （15）掌握好咸淡，菜品口味要温性、中性，体现出复合味（即几种味道复合在一起，多数人都能接受，味道与味道之间相互影响，总体口味比较中和），不能偏咸或偏淡
烧腊	（1）不得使用腐烂变质、过期及无检验合格证明的原料 （2）出品时温度须达到相关标准 （3）菜品必须按出品标准要求（包含顾客要求）制作 （4）菜品须按高标准出菜，做到"分量不足不出、形状不匀不出、不合标准不出" （5）烧烤类成品应呈金黄色，并且皮酥里嫩 （6）出品时须装盘（特殊器皿除外），并且装盘要饱满、自然、挺拔，点缀和围边不能喧宾夺主，盛装的菜品不得占用盘子的边缘 （7）成品中不得出现异物、飞虫等 （8）所有出品无原料不新鲜、腐败变质等现象 （9）不得使用违反食品安全规定的食品添加剂 （10）出品时须做到容器无污垢、无缺口、无破损 （11）为需配备佐料的菜品配齐相应的佐料（如烧鹅等） （12）菜品应体现该菜品的风味特色，同时口味避免过重（如过咸、过辣、过酸、过甜、过苦，更不允许有腥、膻、臭味等） （13）上菜必须按顺序，先来先做，每道菜品的制作时间不超过20分钟
热菜	（1）不得使用腐烂变质、过期及无检验合格证明的食材原料 （2）菜品必须按出品标配卡要求（包含顾客要求）制作 （3）菜品须按高标准出菜，做到"分量不足不出，不合标准不出" （4）热菜要熟，不得有半生不熟的现象出现 ①青菜须保证既熟亦脆、色泽青绿、口感脆爽，不能炒得过火，口味主要靠油来突出，靠少量复合油（如葱姜油、花椒油、麻油等）的复合味来体现 ②芡汁要薄、要少、要均匀、要包得住、要有亮度，盘底不可有油、汤汁，杜绝青菜过分出水

（续表）

类别	出品质量标准
热菜	③ 白灼菜口味鲜咸微辣，白灼汁不能太多（以盘子深度的 1/5 为宜），浇油、要热、要少，菜品要整齐美观 ④ 上汤菜要口味清鲜、汤汁乳白，原料要有 2/3 浸入汤中，不能出现浮油 （5）肉类的菜品要烂，口味要香而不腻，口感要富有弹性。严禁使用亚硝酸钠等化学原料，严格控制松肉粉、食粉的用量 （6）炸类的菜品要酥，要呈金黄色，油不能大，不能腻。个别外焦里嫩的菜品要保持好原料的水分和鲜嫩度，严格控制炸油的重复使用次数 （7）海鲜类菜品必须新鲜，口味清淡，料味不能浓，保持原汁原味，不能老、咬不动，绝对不能牙碜、腥 （8）掌握好咸淡，菜品口味要温性、中性，体现出复合味，不能偏咸或偏淡 （9）汤菜的要求 ① 汤菜盛入容器后不能太满，以 8 分满或 8 分半满为宜 ② 汤菜的原料和汤根据菜的不同性质有不同比例，但是原料的比例不能超过汤的比例 ③ 汤菜的口味要求如下 清汤菜品以鲜为主，入口首先体现鲜味，而后体现咸味或其他口味，须原汁原味，不能有油或油绝不能大；浓汤菜品以香为主，入口首先体现香味，而后体现咸味或其他口味，但绝不能靠加油来体现，要靠汤汁熬出的鲜香味和相关佐辅料来体现；其他口味汤菜以突出要求口味为主，但不能太强烈，必须让大多数人都能接受，加少量油来体现复合味和香味；甜汤的甜度不能太高，最好不加油 ④ 汤菜如果勾芡，芡汁浓稠度以原料刚好不下沉为度，不能太稠或太稀，可在允许加胡椒的汤中加少许胡椒粉来体现鲜香味 （10）菜品须按高标准出菜，做到"分量不足不出，不合标准不出" （11）菜品颜色应体现原料本身的颜色，以自然色和接近自然色为主；严禁使用色素、食品添加剂等 （12）出品时须装盘（特殊器皿除外），盘饰点缀要精致、简单、新鲜，要符合菜品的特点，装盘要饱满、自然、挺拔，点缀和围边不能喧宾夺主，盛装的菜品不得占用盘子的边缘 （13）热菜一定要热。爆炒要用旺火、大火，快速烹制出品。出品时须保持 60℃～70℃ （14）煲仔类菜品须烧热，温度为 70℃～80℃ （15）成品中不得出现异物、飞虫等 （16）所有出品无原料不新鲜、腐败变质等现象 （17）不得使用违反食品安全规定的食品添加剂 （18）出品时做到容器无污垢、无缺口、无破损 （19）上菜必须按顺序，先来先做，每道热菜的制作时间一般不超过 25 分钟 （20）为需配备佐料的菜品配齐相应的佐料（如白灼虾等）

（续表）

类别	出品质量标准
面点	（1）不得使用腐烂变质、过期及无检验合格证明的原料 （2）点心部产品出品时应达到标准温度（炸类为 60℃～70℃，烤类为 60℃～70℃，蒸类为 50℃～60℃，煎炸类为 60℃～70℃） （3）发面类点心成品应表面发亮、内里松软 （4）烤制类点心成品应表面金黄，酥皮类点心成品应入口酥化、内里软滑 （5）象形类点心成品应形象相似、生动 （6）煎炸类点心成品应表面金黄、内里软滑 （7）现做类点心的制作时间不超过 30 分钟，半成品类点心的制作时间不超过 15 分钟，烤制类点心的制作时间不超过 25 分钟 （8）点心部所有产品不得有面生、半生不熟、煎炸过火等现象 （9）点心部所有产品无原料不新鲜、腐败变质等现象 （10）点心出品时须保证容器无污垢、无缺口、无破损 （11）点心部所有产品须按出品标准要求（包含顾客要求）制作 （12）不得使用违反食品安全规定的食品添加剂 （13）点心出品时须装盘（特殊器皿除外），并且装盘要饱满、自然、挺拔，点缀和围边不能喧宾夺主，盛装的菜品不得占用盘子的边缘 （14）点心部所有产品须按高标准出品，做到"分量不足不出，不合标准不出" （15）掌握好咸淡，产品口味要温性、中性，体现出复合味，不能偏咸或偏淡 （16）为需配备佐料的菜品配齐相应的佐料（如萝卜丝饼等）

细节20：建立质量监督体系

在生产过程中建立有效的质量监督体系，是餐厅后厨管理工作的一个长远目标。目前，在厨房生产过程中建立质量监督体系较为有效的措施就是在厨房中强化"内部顾客"意识并建立质量经济责任制。

（一）强化"内部顾客"意识

"内部顾客"意识，即认为员工与员工之间是客户关系，下一个生产岗位是上一个生产岗位的客户，或者说上一个生产岗位是下一个生产岗位的供应商。比如，如果初加工厨师所加工的原料不符合规定的质量标准，那么切配厨师不会接受，其他岗位之间可以依此类推。采用此种方法，可以有效地控制每一个生产环节，将不合格"产品"消除，从而保证菜品质量。

（二）建立质量经济责任制

将菜品质量的好坏与厨师的报酬直接联系在一起，可以加强厨师在菜品制作过程中的责任心。比如，对"内部顾客"和"外部顾客"提出的不合格品进行记录，并追究责任人的责任。管理人员要协助责任人纠正质量问题，责任人要接受一定的经济处罚，或者其当月的工作报酬会受影响。这可以有效地降低菜品的不合格率，从而确保就餐顾客的满意度。

细节21：发挥质量检查作用

在厨房生产过程中建立一套科学合理的标准化质量监督体系，是厨房生产标准化管理的重要内容。质量监督体系的内容很多，因管理手段和方法不同而有所不同。无论质量监督体系内容如何，质量检查人员在质量检查过程中均应做好图 5-2 所示的几个方面的工作，充分发挥质量检查的作用。

图 5-2　质量检查人员应做好的工作

（一）做好各项记录

从管理的角度来看，上下班次的交接、不合格品的出现、食品原料的使用情况、一桌宴席从开始到结束的上菜过程和时间等，都应该有文字记录，这些都是评价菜品质量的依据。

对质量问题的各种记录更是不可缺少。以顾客退菜为例，记录的内容至少应包括以下方面。

（1）退菜时间。

（2）退菜原因。

（3）顾客意见。

（4）受理人。

（5）处理方式。

（6）责任人。

（7）处罚措施。

（8）问题根源。

（9）纠正措施。

（10）避免类似问题再次发生的措施。

（二）确定检查标准

中餐厨房传统的质量检查标准，是由管理人员根据对菜品质量的感觉来确定的，具有一定的随意性，而且并非以顾客的需求为基础，而是按照厨房生产管理者的主观意见制定的。因此，在厨房生产过程中，往往会出现甲厨师认为某菜品质量一般，而乙厨师认为菜品质量很好的现象。在现代化厨房中，在推行标准化生产的基础上，必须制定一套与之相适应的质量检查标准，确保质量检查有据可依，尽可能消除检查的随意性。

（三）采用有效方法

质量检查的方法有很多种，从保证效果的角度来看，应以检查问题为次，以解决问题为主，采用常规性检查与非常规性检查相结合的方式，具体如图 5-3 所示。

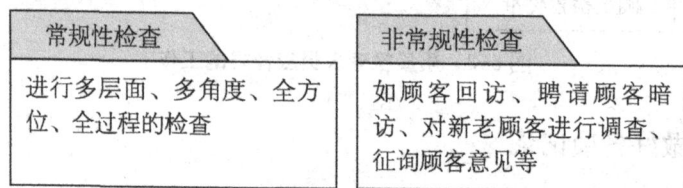

常规性检查	非常规性检查
进行多层面、多角度、全方位、全过程的检查	如顾客回访、聘请顾客暗访、对新老顾客进行调查、征询顾客意见等

图 5-3　质量检查的方法

（四）制定纠正措施

对菜品质量进行检查的目的是发现质量问题，使问题得到有效纠正，使同样的问题不再发生。因此，质量检查人员必须在发现质量问题后积极协助厨房工作人员认真分析出现质量问题的原因，制定相应的纠正措施，督导厨房工作人员实施纠正措施，使质量问题真正得以解决，避免类似的问题再次发生。

细节22：细分阶段控制质量

（一）原料阶段控制

（1）严格按规格采购各类原料。

（2）全面细致验收原料，保证进货质量。

（3）加强原料管理，防止原料因保管不当而出现质量问题。

（二）菜品生产阶段的控制

在菜品生产阶段应主要控制申领原料的数量和质量，这就要从菜品加工、配份和烹调这三个方面入手，具体如图5-4所示。

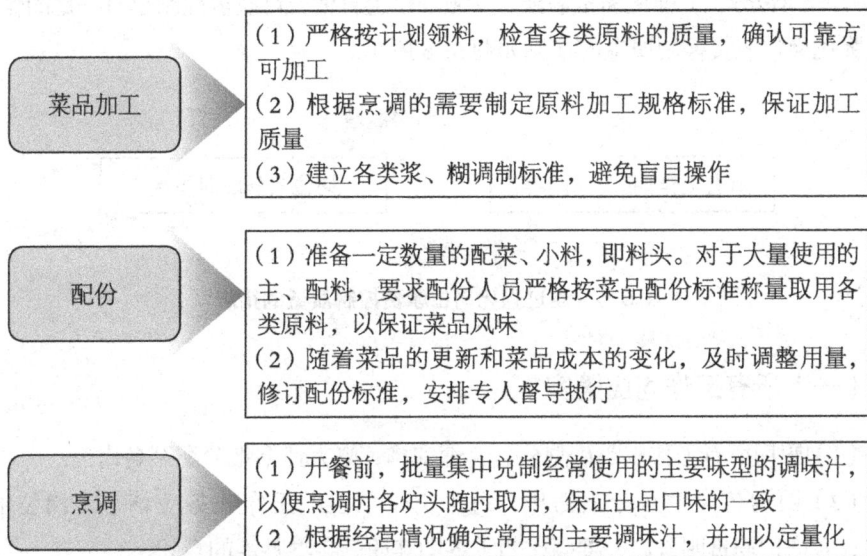

菜品加工	（1）严格按计划领料，检查各类原料的质量，确认可靠方可加工 （2）根据烹调的需要制定原料加工规格标准，保证加工质量 （3）建立各类浆、糊调制标准，避免盲目操作
配份	（1）准备一定数量的配菜、小料，即料头。对于大量使用的主、配料，要求配份人员严格按菜品配份标准称量取用各类原料，以保证菜品风味 （2）随着菜品的更新和菜品成本的变化，及时调整用量，修订配份标准，安排专人督导执行
烹调	（1）开餐前，批量集中兑制经常使用的主要味型的调味汁，以便烹调时各炉头随时取用，保证出品口味的一致 （2）根据经营情况确定常用的主要调味汁，并加以定量化

图5-4　菜品生产阶段的控制要点

（三）菜品消费阶段的控制

菜品消费阶段的控制要点如图5-5所示。

为菜品配齐相应的佐料、食用和卫生器具及用品。一道菜配一到两个味碟，一般由厨房在备餐时按人头配制。应建立备餐标准，安排专人督导服务，尽可能方便顾客

要点一

服务员上菜要及时规范，并主动报菜名。对食用方法独特的菜品，应向顾客做适当介绍或提示

要点二

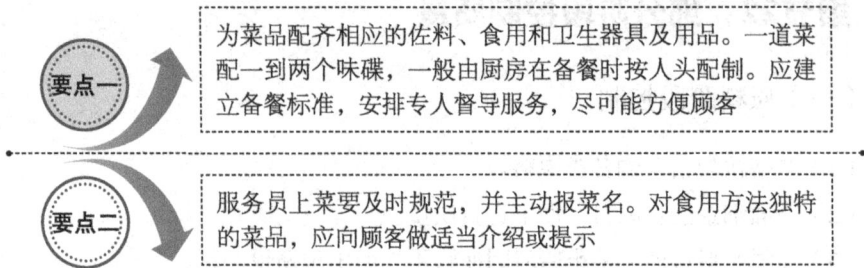

图 5-5　菜品消费阶段的控制要点

细节23：划分职责控制质量

明确岗位分工，强化岗位职能，并施以检查督促，对质量控制也有一定的作用。通过强化岗位职责控制质量的措施如图 5-6 所示。

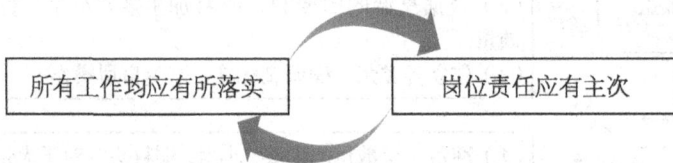

所有工作均应有所落实　　　　岗位责任应有主次

图 5-6　通过强化岗位职责控制质量的措施

（一）所有工作均应落实

（1）厨房所有工作应明确划分、合理安排，毫无遗漏地分配至各岗位。

（2）厨房各岗位应分工协作，每个岗位承担的工作任务应该是本岗位能胜任的；各岗位职责明确后，要强化员工各司其职、各尽其能的意识。

（3）督促员工在各自的岗位上保质保量、及时完成各项任务。

（二）岗位责任应有主次

（1）价格高、原料高档、规格高的菜品，重要顾客的菜品的制作，以及技术难度较高的工作，可以作为头炉、头砧等重要岗位的职责，以充分发挥其技术能力。

（2）对菜品口味及厨房生产产生较大影响的工作，应由各工种的重要岗位完成，如配兑调味汁、调制点心馅料、涨发高档干货等。

细节24：突出重点控制质量

（一）重点岗位、环节控制

（1）对厨房生产进行全面细致的检查和考核。

（2）对厨房生产和菜品质量的检查，可采取自查的方式，也可通过顾客意见征询表向就餐顾客征询意见。

（3）聘请有关专家、同行进行检查，通过分析找出影响菜品质量的主要因素，并对此重点控制，从而提高菜品质量。

（二）重点客情、重要任务控制

（1）从菜单制定开始就要有针对性，在从原料选用到菜品出品的全过程强调针对性，重点关注安全、卫生和质量。

（2）加强对各个岗位及环节的生产督导和质量检查，尽可能安排技术好、心理素质好的厨师制作菜品。

（3）对于每一道菜品，尽可能做到设计构思新颖独特，安排专人跟踪负责，切不可与其他菜品混放，以确保出品万无一失。

（4）在顾客用餐后，主动征询意见，积累资料，以便今后的工作。

（三）重大活动控制

（1）从菜单制定着手，充分考虑各种因素，开列一份（或若干份）具有一定特色的菜单。

（2）精心组织各类原料，合理使用各种原料，合理安排人手，规划使用时间和厨房设备，及时妥善出品。

（3）厨房生产管理人员、主要技术骨干应亲临一线，严格把好各环节质量关。

（4）有重大活动时，前后台配合十分重要，相关人员要随时沟通，合理掌握出品节奏。

（5）厨房应统一调度，以确保出品次序。

（6）重大活动期间，应加强厨房内的安全、卫生检查，防止意外事故发生。

细节25：有效控制菜中异物

（一）异物的定义

异物是指根据相关标准餐食中不应出现的物质。

（二）异物的分类

异物可分为内源性异物与外源性异物，具体如图 5-7 所示。

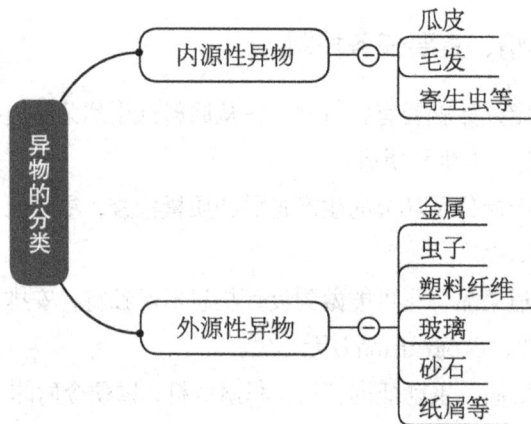

图 5-7　异物的分类

内源性异物 —— 瓜皮／毛发／寄生虫等

外源性异物 —— 金属／虫子／塑料纤维／玻璃／砂石／纸屑等

异物的分类

（三）异物的危害

餐食中有异物，会产生图 5-8 所示的危害。

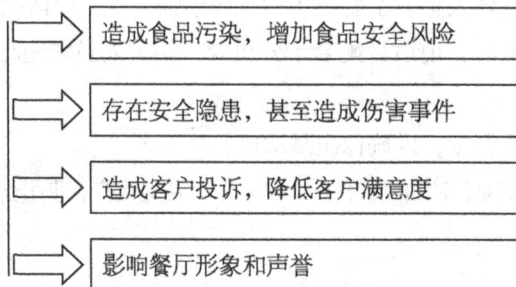

造成食品污染，增加食品安全风险

存在安全隐患，甚至造成伤害事件

造成客户投诉，降低客户满意度

影响餐厅形象和声誉

图 5-8　异物的危害

（四）异物来源

异物的来源如图 5-9 所示。

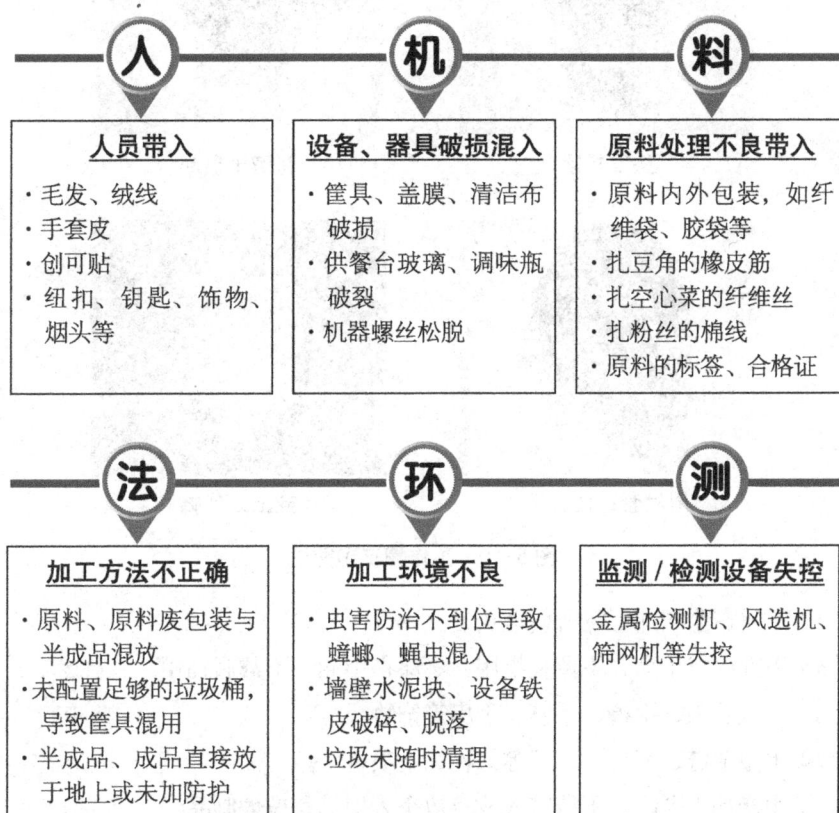

人	机	料
人员带入	**设备、器具破损混入**	**原料处理不良带入**
·毛发、绒线 ·手套皮 ·创可贴 ·纽扣、钥匙、饰物、烟头等	·筐具、盖膜、清洁布破损 ·供餐台玻璃、调味瓶破裂 ·机器螺丝松脱	·原料内外包装，如纤维袋、胶袋等 ·扎豆角的橡皮筋 ·扎空心菜的纤维丝 ·扎粉丝的棉线 ·原料的标签、合格证

法	环	测
加工方法不正确	**加工环境不良**	**监测 / 检测设备失控**
·原料、原料废包装与半成品混放 ·未配置足够的垃圾桶，导致筐具混用 ·半成品、成品直接放于地上或未加防护	·虫害防治不到位导致蟑螂、蝇虫混入 ·墙壁水泥块、设备铁皮破碎、脱落 ·垃圾未随时清理	金属检测机、风选机、筛网机等失控

图 5-9　异物的来源

（五）异物的防控措施

1. 加强人员管理与人员培训

（1）工作人员进入生产加工区域须穿戴清洁整齐的工作服、工作帽、工作鞋。

（2）工作帽应尽可能罩住所有的头发并罩住耳朵。

（3）头发扎起，不得露于帽外（见图 5-10）。

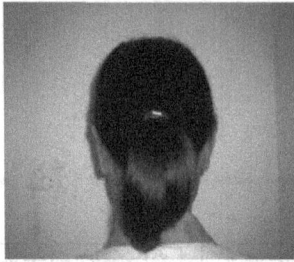
头发扎紧

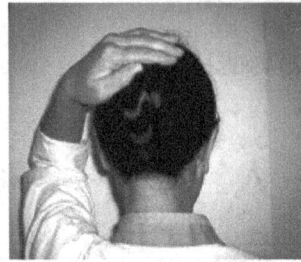
将辫子盘起

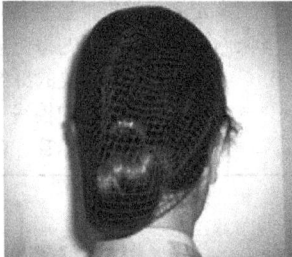
用发套罩住头发

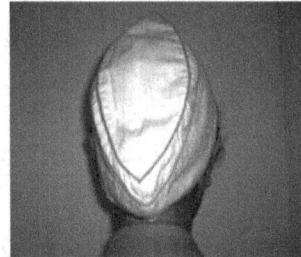
戴上工作帽

图 5-10　工作帽正确戴法

（4）不得在生产加工场所梳理头发。

（5）手部保持干净，不留长指甲、不涂指甲油、不戴假指甲。

（6）不戴手表、手镯、手链、手串等饰物。

（7）不戴项链、耳钉、耳环等饰物，不喷香水。

（8）生产加工区内，不得带入或存放个人用品和玻璃制品。

（9）生产加工区内，不得吃零食、喝水等。

（10）禁止吸烟。

（11）外来人员（包括参观人员、检查人员、送货人员等）进入生产加工区域须穿整洁的工作服，戴一次性帽子及鞋套，并遵守相关卫生管理要求。

（12）加强人员培训，使全员树立食品安全意识，形成"人人都是品控者"的思想，鼓励员工自检、互检。

2. 加强加工器具、设备管理

（1）加工器具按颜色区分使用。图 5-11 是某餐厅对厨房加工器具所做的颜色区分管理。

刀具				
色别	适用区域	使用要求	消毒方法	消毒时间
本色刀柄	专间	熟食类	高温、紫外线	使用前后
绿色刀柄	加工区	蔬菜类	高温、紫外线	使用前后
蓝色刀柄	加工区	水产类	高温、紫外线	使用前后
红色刀柄	加工区	肉禽类	高温、紫外线	使用前后

砧板				
色别	适用区域	使用要求	消毒方法	消毒时间
白色	专间	熟食类	高温、紫外线	使用前后
绿色	加工区	蔬菜类	高温、紫外线	使用前后
蓝色	加工区	水产类	高温、紫外线	使用前后
红色	加工区	肉禽类	高温、紫外线	使用前后

毛巾			
色别	适用情况	消毒方法	消毒时间
白色	食品接触	高温、消毒剂	使用前后
绿色	植物类加工	高温、消毒剂	使用前后
蓝色	水产类加工	高温、消毒剂	使用前后
红色	动物类加工	高温、消毒剂	使用前后
咖啡色	烹调专用	高温、消毒剂	使用前后
紫色	设备清洁	高温、消毒剂	使用前后

菜筐			
色别	适用区域	消毒方法	消毒时间
白色	净菜筐	消毒剂	使用前后
绿色	蔬菜类毛菜筐	消毒剂	使用前后
蓝色	水产类	消毒剂	使用前后
红色	肉禽类	消毒剂	使用前后

图 5-11　厨房加工器具颜色区分管理

（2）做好禁用品管理。比如，严禁使用木质含金属螺丝钉的毛刷，应使用食品级耐高温毛刷；严禁用手开启罐头，应使用多功能开罐器；严禁使用普通纸巾，应使用厨房专用纸巾，具体如图 5-12 所示。

木质含金属螺丝钉的毛刷　　用手开启罐头　　普通纸巾

食品级耐高温毛刷　　多功能开罐器　　厨房专用纸巾

图 5-12　禁用品管理

（3）做好保鲜膜使用管理，具体措施如图 5-13 所示。

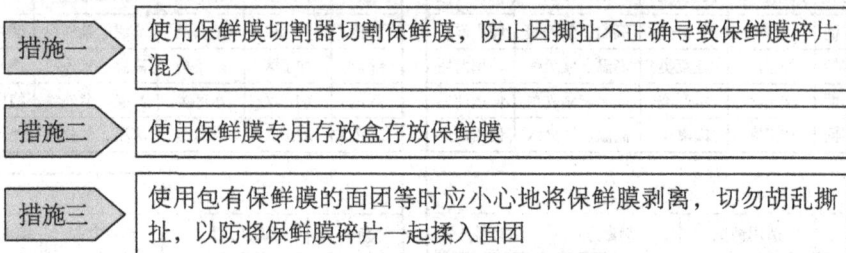

措施一	使用保鲜膜切割器切割保鲜膜，防止因撕扯不正确导致保鲜膜碎片混入
措施二	使用保鲜膜专用存放盒存放保鲜膜
措施三	使用包有保鲜膜的面团等时应小心地将保鲜膜剥离，切勿胡乱撕扯，以防将保鲜膜碎片一起揉入面团

图 5-13　保鲜膜使用管理措施

（4）做好破损工具管理，正确使用、管理各类工具，一旦发现破损，立即检查受影响食品，及时妥善废弃换新。每次用完工具均要及时清洗，定期换新。

（5）做好设备管理，具体措施如图 5-14 所示。

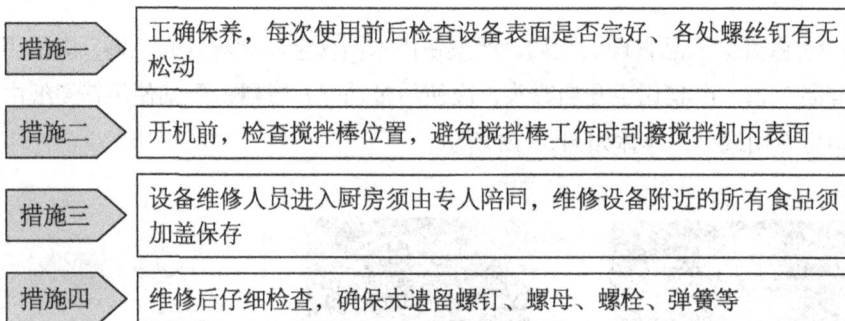

措施一	正确保养，每次使用前后检查设备表面是否完好、各处螺丝钉有无松动
措施二	开机前，检查搅拌棒位置，避免搅拌棒工作时刮擦搅拌机内表面
措施三	设备维修人员进入厨房须由专人陪同，维修设备附近的所有食品须加盖保存
措施四	维修后仔细检查，确保未遗留螺钉、螺母、螺栓、弹簧等

图 5-14　设备管理措施

（6）做好灯具管理。确保加工、储存、收货区域照明良好，照明灯应有防爆装置。

3. 加强原料管理

（1）做好原料验收管理，具体措施如图 5-15 所示。

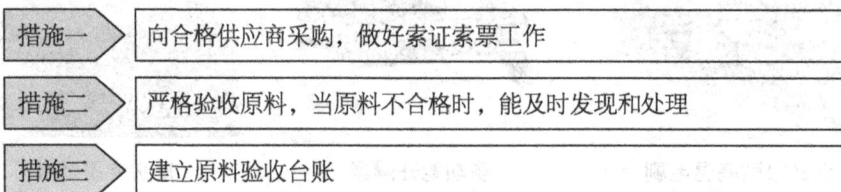

措施一	向合格供应商采购，做好索证索票工作
措施二	严格验收原料，当原料不合格时，能及时发现和处理
措施三	建立原料验收台账

图 5-15　原料验收管理措施

（2）做好原料储存管理，具体措施如图 5-16 所示。

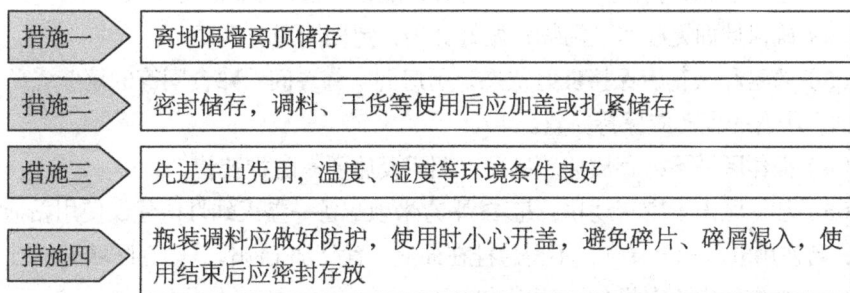

措施一	离地隔墙离顶储存
措施二	密封储存，调料、干货等使用后应加盖或扎紧储存
措施三	先进先出先用，温度、湿度等环境条件良好
措施四	瓶装调料应做好防护，使用时小心开盖，避免碎片、碎屑混入，使用结束后应密封存放

图 5-16　原料储存管理措施

4. 加工方法管理

（1）做好原料粗加工管理，具体措施如图 5-17 所示。

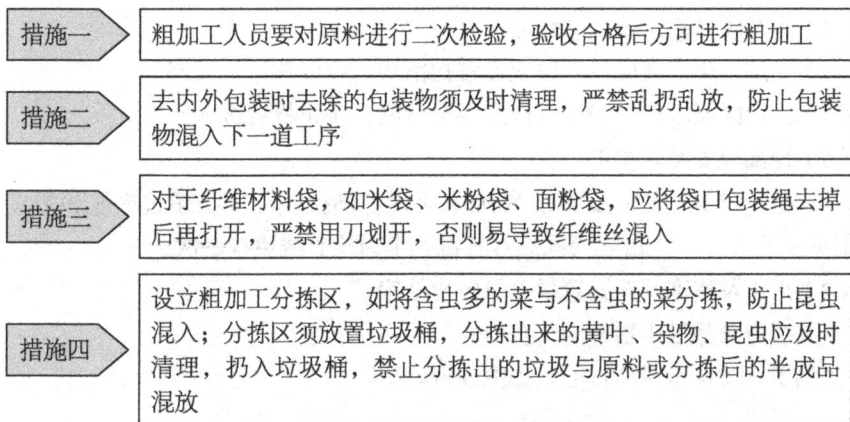

措施一	粗加工人员要对原料进行二次检验，验收合格后方可进行粗加工
措施二	去内外包装时去除的包装物须及时清理，严禁乱扔乱放，防止包装物混入下一道工序
措施三	对于纤维材料袋，如米袋、米粉袋、面粉袋，应将袋口包装绳去掉后再打开，严禁用刀划开，否则易导致纤维丝混入
措施四	设立粗加工分拣区，如将含虫多的菜与不含虫的菜分拣，防止昆虫混入；分拣区须放置垃圾桶，分拣出来的黄叶、杂物、昆虫应及时清理，扔入垃圾桶，禁止分拣出的垃圾与原料或分拣后的半成品混放

图 5-17　原料粗加工管理措施

（2）做好原料浸泡管理，具体措施如图 5-18 所示。

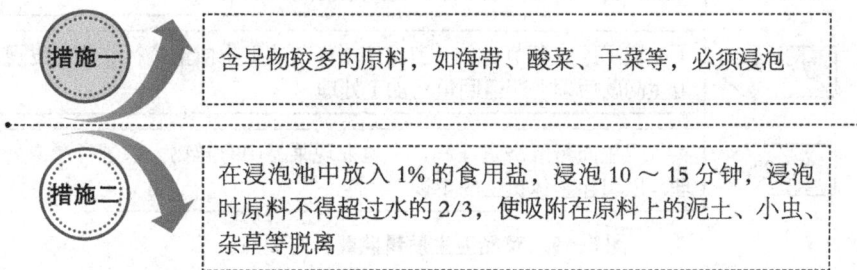

| 措施一 | 含异物较多的原料，如海带、酸菜、干菜等，必须浸泡 |
| 措施二 | 在浸泡池中放入 1% 的食用盐，浸泡 10～15 分钟，浸泡时原料不得超过水的 2/3，使吸附在原料上的泥土、小虫、杂草等脱离 |

图 5-18　原料浸泡管理措施

5. 加工环境管理

（1）生产区域保持清洁、干燥、通风，配备纱窗，纱网不小于 16 目。

（2）确保地面无积水、污物；做好计划，定期清扫、消毒。

（3）墙壁和天花板保持良好状态，厨房间、售餐间、熟食间等的墙壁瓷砖须贴到屋顶，所有的瓷砖应保持完整。

（4）操作区域不得存放玻璃制品，照明设施要有防护装置。

（5）加工区内不应有动物。每 15 平方米须配备一盏灭蝇灯，建议使用黏捕式灭蝇灯；若使用电击式灭蝇灯，不得悬挂在通道、食品加工制作或贮存区域的上方。

（6）操作间内不得堆放不使用的物品。

6. 虫害控制管理

（1）生产区域应设置捕鼠点、灭蝇灯，并张贴虫害控制图。

（2）安排专人每日清扫卫生，定期对生产区域及周围做杀虫处理，重点是加工区、下水道、垃圾桶、洗手间等。

（3）生产区域的垃圾桶须带盖。

（4）库房、生产区域各入口应设置挡鼠板、胶皮软帘、灭蝇灯。

（5）生产区域的窗户和排气口应安装纱网，防止蝇虫进入。

（6）地漏应安装防护罩。

（7）定期检查清理灭蝇灯，黏捕式灭蝇灯捕获飞虫面积超过粘胶板纸面积的70% 时应更换胶纸，点击式灭蝇灯灯管每 3 个月检查或更换一次。

（8）冷库及速冻间应设置风幕及胶皮软帘。

7. 加强对菜品卫生质量的监督检查

菜品卫生质量监督检查要点如图 5-19 所示。

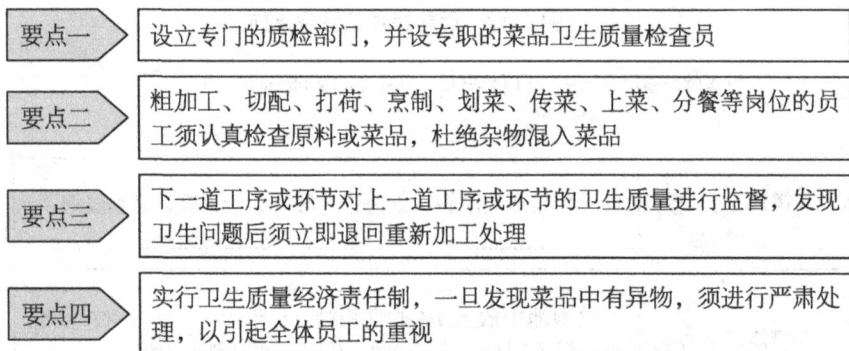

要点一	设立专门的质检部门，并设专职的菜品卫生质量检查员
要点二	粗加工、切配、打荷、烹制、划菜、传菜、上菜、分餐等岗位的员工须认真检查原料或菜品，杜绝杂物混入菜品
要点三	下一道工序或环节对上一道工序或环节的卫生质量进行监督，发现卫生问题后须立即退回重新加工处理
要点四	实行卫生质量经济责任制，一旦发现菜品中有异物，须进行严肃处理，以引起全体员工的重视

图 5-19　菜品卫生质量监督检查要点

环节 6　新菜品研发

再好的菜品，销量也有衰退的时候，当一些菜品进入成熟阶段时，餐厅就要推出新菜品，这样才能保证总体销量稳定甚至增长。

一般来说，新菜品研发流程如图 6-1 所示。

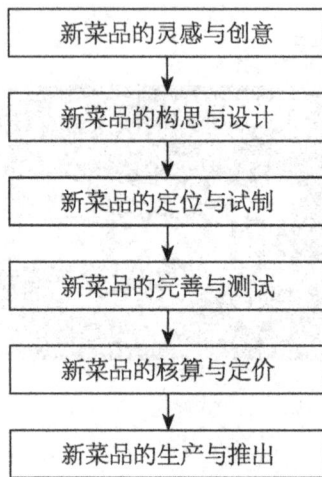

```
┌─────────────────────┐
│   新菜品的灵感与创意   │
└─────────────────────┘
           ↓
┌─────────────────────┐
│   新菜品的构思与设计   │
└─────────────────────┘
           ↓
┌─────────────────────┐
│   新菜品的定位与试制   │
└─────────────────────┘
           ↓
┌─────────────────────┐
│   新菜品的完善与测试   │
└─────────────────────┘
           ↓
┌─────────────────────┐
│   新菜品的核算与定价   │
└─────────────────────┘
           ↓
┌─────────────────────┐
│   新菜品的生产与推出   │
└─────────────────────┘
```

图 6-1　新菜品研发流程

细节26：新菜品的灵感与创意

所谓创意，就是研发新菜品的构想。新菜品的创意可以来自厨师日常工作的积累，也可以从同行交流或其他菜系中获得。

比如，有位厨师研发的新菜品海胆焗饭的灵感来自他回家乡时在一家菜馆见到的菜。他对这道菜做了改良，丰富了做法和搭配，让一道本来只出现在大排档的菜成了星级酒店的热卖菜。

在菜品创新中，非常重要的一点是，创意思维比菜品本身更有价值。菜品创新，就像艺术家们寻求新的表达方式来表达对美的独特感受，这种新的表达并不是随心所欲的，而要遵循一定的原则，需要以菜品技术层面的香、味、养、质，菜品配饰方面的形、意、器、色，以及满足顾客需求方面的新意、温度、速度、针对性等 3 个层次的 12 个关键点为基础（见图 6-2），再结合自身的技术特长及烹饪技术偏好。

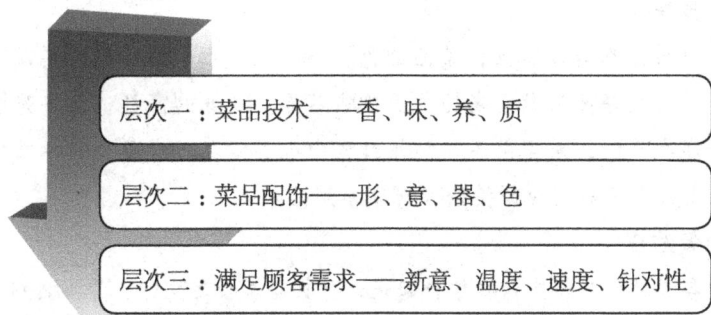

层次一：菜品技术——香、味、养、质

层次二：菜品配饰——形、意、器、色

层次三：满足顾客需求——新意、温度、速度、针对性

图 6-2　菜品创新的不同层次及关键点

研发新菜品时要注意，并不是所有的设想或创意都可以变成新菜品，但寻求尽可能多的构想与创意可为研发新菜品创造较多的机会。新的创意主要来源于广大顾客的需求和烹饪技术的不断积累。

相关链接

菜品创新九大突破口

菜品创新的九大突破口如下。

1. 菜品原料

越来越多的烹饪原料是从国外引进的，因此在菜品的原料方面可以打破传统，突出原料创新。

2. 色彩

菜品的色彩是固有色、光源色、环境色共同作用的结果。在色彩的搭配上，可基于原料的固有色，采用异色搭配法及花色搭配法（适用于一席菜），使菜品色彩和谐悦目。

3. 口味与形态

五味调和百味香，五味调和百味鲜。菜品的味型种类有很多，第一种是原料本身的味道，第二种是采用多种原料烹调出的复合味道，第三种是利用各种调料改变原料滋味所得到的复合味道。

菜品的形态大部分是通过刀工、原料来体现的。此外，还可以靠配菜去完善，靠塑造去美化，使菜品形态美观大方，让就餐者觉得赏心悦目、食欲大增。

4. 烹饪技法

每种烹饪技法都有其特点，菜品的色、香、味、形、质、养主要靠烹饪技法来实现，采用不同烹饪技法做出来的菜品口味各异。成熟的烹饪技法讲究按照菜品质量和规范程序去烹制，避免菜品在制作过程中流失营养，应逐步向标准化的方向发展。一名好厨师要不断研究新技法、研发新菜品。

5. 中西餐结合

中西餐各具特色，将中西餐结合起来，可具有本乡之主味、异国之别味，使菜品更吸引人。

6. 挖掘古式菜品

日月轮回，菜品有时也要轮回，例如，如今成都公馆菜、谭氏官府菜、满汉全席、三国菜、蜀王菜、民俗民风菜等古已有之的传统菜式至今仍受到人们的欢迎。因此，挖掘古式菜品也是可行的。

7. 器皿

俗话说："人靠衣装。"菜品也是一样的，离不开器皿。菜品千姿百态，而器皿也应随着菜品变化。器皿色彩与菜品色彩之间应形成调和或对比关系，器皿的形状、花纹应与菜品的图形、料形搭配，要配合得体。

总之，器皿和菜品的搭配要突出菜品的艺术美；器皿的质地要与菜品的价格相匹配。菜品贵在色、味、形，而器皿的价值在于它是精美的工艺品，两者结合，方可展现佳肴珍馐的特色。

8. 菜单

菜单形式多种多样，除了比较传统的图形菜单，实物鲜活菜单等创新菜单越来越多地被应用于各类餐厅，这些新型菜单能使顾客明明白白消费、实实在在享用。

9. 借鉴

从历史文化、竞争对手、营养健康等方面借鉴创新，对新菜品研发是有益的。

细节27：新菜品的构思与设计

（一）新菜品的构思

构思新菜品需要综合考虑以下几个方面。

（1）新菜品是否有适当的市场？

（2）新菜品的需求量有多少？

（3）新菜品所用的原料是否受到季节的限制？

（4）烹饪设备是否符合新菜品的制作要求？

（二）新菜品的设计

设计新菜品需要综合考虑以下几个方面。

（1）运用哪些原料？

（2）运用什么味型？

（3）运用什么烹调方法？

（4）菜品的造型、装盘的形式是什么？

（5）餐具、器具的运用方式和要求是什么？

> **小提示**
>
> 新菜品及其制作工艺的选择应符合现代消费者的审美观念且能满足用餐需求。为了便于资料归档，新菜品研发人员应为餐厅提供详细的新菜品资料。

相关链接

菜品创新的15个要点

菜品创新要遵循一定的规律，不讲原则地乱创新是行不通的。

菜品创新可以是原料上的创新，即把不同的原料搭配在一起，比如，将新原料与传统原料结合，将新原料与新原料结合；也可以是口味上的创新，比如，将相同的原料以不同的口味去做，就可以说是口味上的一种创新；还可以是刀工技法、烹调方法上的创新等。菜品创新的15个要点如下。

1. 必须要有扎实的基本功

扎实的基本功是菜品创新的基础。厨师必须熟练掌握基本功，对刀工及火候须做到烂熟于心。刀工自不必说，火候也需要花大功夫来研究。所谓火候，就是在烹调过程中所用的火力大小和时间长短。只有火候恰到好处，才能烹制出美味的菜品。

2. 必须明晰各种调料的属性

无论哪个菜系，无论哪些调料，大体都逃不出苦、辣、酸、甜、麻、咸、鲜这七味。但要想合理运用这七种味道，使其形成成百上千种不同的滋味，就要求厨师明晰各种调料的属性，并懂得如何合理配搭。

现在，全国各地的调料和风味味型诸多，加之从外国引进的一些特色味型和调料，足够我们去开拓、创制。比如，更换个别调料或变换味型，原有菜品就会变成与众不同的风格菜品。只要敢于变化，大胆设想，就能创造出新、奇、特的风味特色菜品。

3. 不能与本地区大多数人的口味及饮食习惯不符

这一点毋庸置疑。新菜品如果与本地区大多数人的口味及饮食习惯不符，就难以获得认可。

4. 尊重传统但不迷信传统

这也是菜品创新要遵循的一大原则。尊重传统，就是要让传统的东西为现代服务，不迷信传统。有些传统的烹饪手段或手法现在看来是不科学的，应将其摒弃。

5. 将传统的烹饪方法与现代科技相结合

这一点非常考验厨师的应变能力与接受新事物的能力。同时，这也是菜品创新的一条捷径。

新的厨具、设备层出不穷，掌握它们的使用方法与技巧对菜品创新很有帮助。即便采用传统的烹饪手法，只要用新厨具、设备烹制菜品，也可以说是一种创新。

6. 学会合理借鉴与整合

借鉴与整合也是菜品创新的一种有效手段，这一点在粤菜中体现得尤为明显。

粤菜里很多被大众认可的新菜品都有借鉴的成分。借鉴其他菜系甚至西餐的菜式，再辅以粤菜地区特有的食材，衍生出所谓的"新派粤菜"，可以说是粤菜不断推出新菜品并获得大众认可的一大法宝。其他菜系也可以如此借鉴、整合。借鉴、整合并不局限于原料方面，还包括烹调技法等诸多方面。

7. 菜点结合或将成为趋势

所谓菜点结合，是指将菜、点心有机地组合在一起。这种菜品成菜时菜点交融，食用时一举两得：既尝了菜，又吃了点心；既有菜之味，又有点心之香。

8. 要符合制作简洁、上菜迅速的要求

顾客有两件最头疼的事情，一是上菜慢，二是菜品口味无法保持一致，其实这两件事也是餐厅经营者最头疼的事情。在进行菜品创新时要尽可能思考如何做到上

菜快、口味一致。比如，可以研制一种酱汁，将原料滑油后，用酱汁一裹，再勾芡即可出菜。

9. 要懂得营养搭配

目前，吃饱、吃好已不能满足顾客的需求了，吃出健康才是现代饮食的目标。这要求厨师在熟练掌握烹调手法的前提下掌握营养搭配方面的知识。在进行菜品创新时要充分地将健康因素考虑进去，只有这样顾客才会满意。

10. 菜品创新的灵感往往在"诗外"

如果有时间，厨师应该多学习其他领域的知识，这是激发菜品创新灵感的一大源泉。比如，阅读、旅游、与同行交流等都是激发菜品创新灵感的有效手段。

11. 盘饰方面的创新必不可少

色、香、味、形、质、器是形成一道终极美味的六要素，尽管形和器的位置靠后，但不能不承认，这两个要素是烘托整个菜品的关键，也是使菜品诱人不可或缺的要素。雕花和简单的花草装饰已经不能满足日益多元化的需求了，那么，应该如何创新呢？在餐具上多下功夫也是可以的。

就风格来说，餐具有古典的、现代的、传统的、乡村的等多种风格，不同款式的餐具有陶瓷、玻璃、不锈钢、竹木、葭等多种材质，形态各异。

自己设计、定制餐具，或许是大势所趋。一道菜品用新颖却适当的餐具盛装，肯定能给顾客眼前一亮的感觉。

12. 要全面考虑宴会的特殊要求

不可否认，有很多新菜品要先在宴会中推出，再进行推广。

因此，厨师在进行菜品创新的同时要考虑宴会的主题、规格、礼仪要求，还要考虑菜品的艺术价值，更要考虑菜品的适应性，如烹饪原料的适应性、饮食习惯的适应性等。

13. 要符合经济实惠的大众化要求

要想让新菜品的生命力强，必须以大众化原料为基础。一道美味佳肴，只有被大多数顾客所接受，才能得到广泛推广。

14. 食用性要永远摆在第一位

只有感觉好吃、越吃越想吃的菜，才有持久的生命力。厨师不能一味追求盘饰或新食材，而忽略食用性问题。

不论什么菜，从选料、配份到烹制的整个过程，都要考虑菜品的食用性，以适应顾客的口味为宗旨。新菜品的原料不必过分追求高档、珍贵，烹制过程也不必过分追求复杂、烦琐，要在保证食用性的前提下做到物美、味美。

15. 要利于原料综合开发和充分应用

开源节流、杜绝浪费是厨房里老生常谈的话题。在进行菜品创新时，厨师要尽可能地考虑成本因素，既要根据原料的性状、营养成分、功能研发新菜品，还要充分利用边角余料，让原料发挥应有的作用，做到物尽其用。

细节28：新菜品的定位与试制

（一）新菜品的定位

餐厅在研发新菜品前，一定要给新菜品做好定位，使其符合餐厅的需求。

比如，一家经济型家常菜馆设计了一道高档海鲜菜，先不说食材的成本，这家菜馆的食客并不是这道菜的目标受众，研发的新菜品再好，只要卖不出去，就算失败。

新菜品的定位必须能够清晰体现菜品在消费者群体心目中的认知度，还要体现新菜品与老菜品的差异性，包括新菜品的食用价值、生产工艺、相关配方等。

（二）新菜品的试制

试制新菜品是为了实现菜品供应而做的准备或试验性工作，因此要整体考虑烹饪用的原料、工具设备及烹调人员、服务人员和服务程序。

细节29：新菜品的完善与测试

（一）新菜品的完善

新菜品是在不断试制的过程中趋于完善的，新研发的菜品应通过图 6-3 所示的几个方面来完善。

菜品名称	营养卫生	外观色泽	菜品香气
品味感觉	成品造型	菜品质感	分量把握
	盘饰包装	市场试销	

图 6-3　新菜品的完善

1. 菜品名称

菜品名称就如同一个人、一家企业的名称，具有很重要的作用。菜品名称取得是否合理、贴切、与实物相符，决定了菜品能否给顾客留下良好的第一印象。在为新菜品取名时，要取一个既能反映菜品特点又有特殊意义的名称，这不是一件简单的事情。对新菜品名称的总体要求如图 6-4 所示。

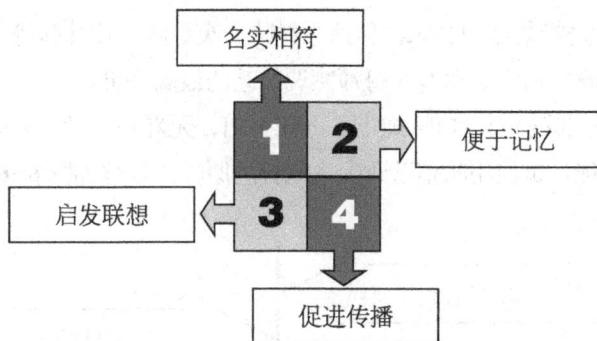

图 6-4 对新菜品名称的总体要求

2. 营养卫生

新菜品要做到原料搭配合理，在配置、成菜过程中要关注营养。在加工和成菜过程中要保持清洁，包括原料处理干净、盛菜器皿卫生等。

3. 外观色泽

外观色泽是指新菜品的颜色和光泽，包括配色、汤色、原料色等。外观色泽是否悦目、和谐是决定菜品成功与否的重要因素之一。菜品的色泽可以使人们产生某些奇特的感觉，这是通过视觉心理作用实现的。菜品的色泽与人的食欲、情绪等存在一定的联系。菜品色泽和谐得体，可以使人产生食欲；若色泽搭配没有规律和章法，则会使人产生厌恶感。新菜品对外观色泽的要求如图6-5所示。

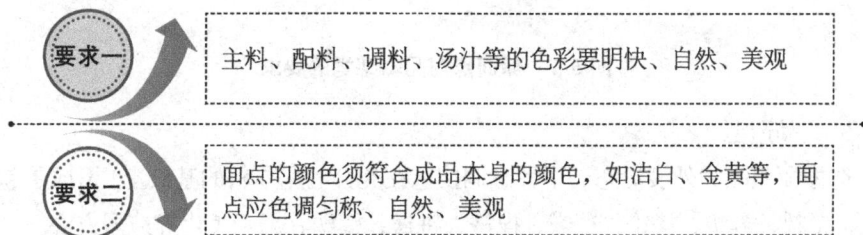

图 6-5 新菜品对外观色泽的要求

4. 菜品香气

不能忽视新菜品对香气的要求，菜品的香气会影响人们的心理和食欲。

品质上乘的菜品通常有特殊的香气，在某种意义上，香气的魅力可能优于色、形。新菜品应做到未见其色、形而先闻其香，未品其味而知其味美。由此可见香气对一道菜的重要性。

5. 品味感觉

品味感觉是指菜品的滋味，包括原料味、芡汁味、佐汁味等，是评判菜品的重要指标。"好吃"通常是顾客对厨师烹调技艺的最高评价。

新菜品应调味适当、口味纯正、主味突出，无邪味、煳味和腥膻味，不能过分咸、淡，也不能过量使用味精以致失去原料的原味，具体如图6-6所示。

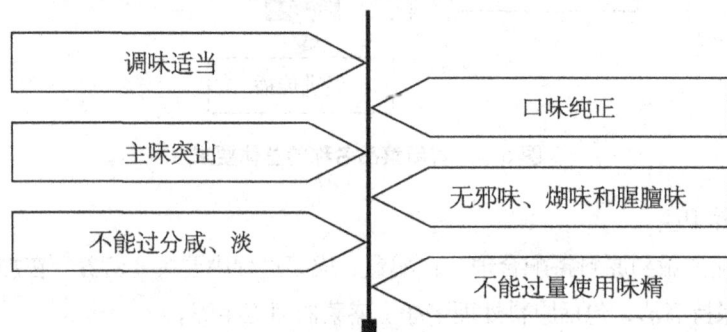

图6-6 新菜品对品味感觉的要求

新面点应调味适当、口味鲜美（见图6-7），符合成品本身应具有的咸、甜、鲜、香等口味特点，不能过咸或过淡而影响面点本身的特色。

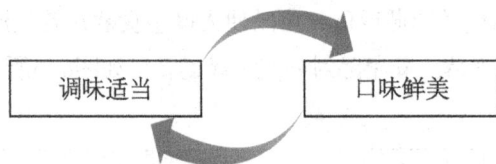

图6-7 新面点对品味感觉的要求

6. 成品造型

造型即菜品的外表形态。中餐烹调技艺在充分利用原料的基础上，形成了包卷、捆扎、扣制、蓉塑、裱绘、镶嵌、捏挤、拼摆、模塑、刀工美化等造型方法。

菜品的造型要求如图6-8所示。

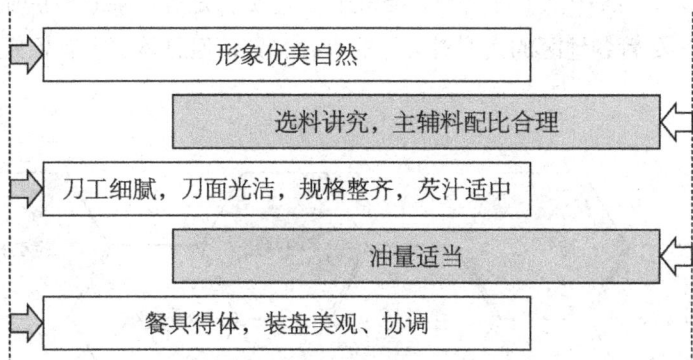

图 6-8　菜品的造型要求

菜品可以适当装饰，但装饰不可喧宾夺主。装饰品最好是可以吃的（如黄瓜、萝卜、香菜、生菜等），特殊装饰品要与菜品协调，并符合卫生要求。装饰时，生、熟要分开，装饰品的汁水不能影响主菜。

面点的造型要求如图 6-9 所示。

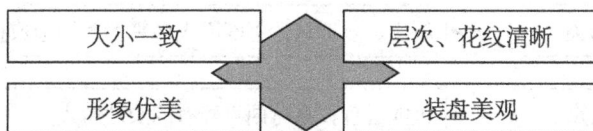

图 6-9　面点的造型要求

为了陪衬面点，可以适当运用具有食用价值的、构思合理的少量点缀物，但应避免过分装饰、主次颠倒。

7. 菜品质感

菜品质感是指菜品所显示的质地，包括菜品的成熟度、爽滑度、脆嫩度、酥软度等，它是菜品带给人的口感，具体如图 6-10 所示。

图 6-10　菜品的口感

菜品进入口腔后产生的刺激所引起的口腔感觉，是进行菜品创新时应考虑的一个重要因素。尽管各地区的人群对菜品的喜好有异，但总体要求有相似之处，如图 6-11 所示。

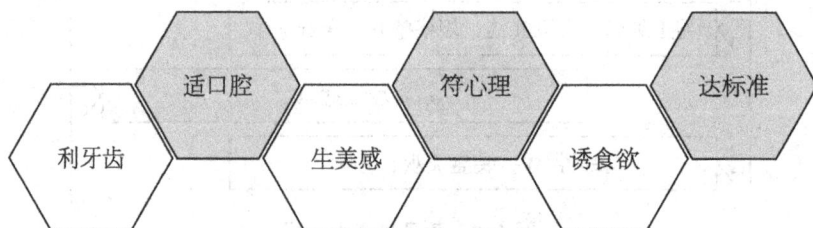

图 6-11　对菜品质感的总体要求

不同的菜品有不同的质感。一般来说，菜品应具备的质感如图 6-12 所示。

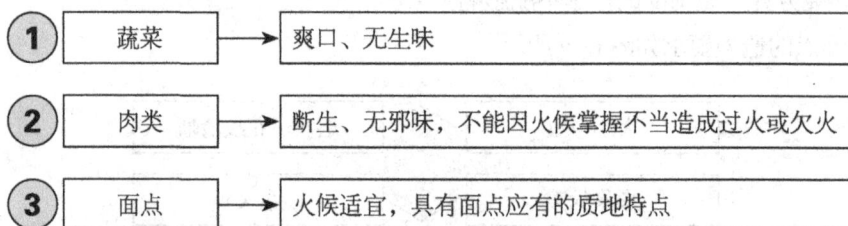

①	蔬菜	→	爽口、无生味
②	肉类	→	断生、无邪味，不能因火候掌握不当造成过火或欠火
③	面点	→	火候适宜，具有面点应有的质地特点

图 6-12　菜品应具备的质感

小提示

要创造质感之美，就要在原料验收与储存、加工、熟制等环节精心安排、合理操作，并要持续改善制作技艺，只有这样才能达到预期的目的。

8. 分量把握

菜品制成后，应观察原料的数量，包括主配料的比例与数量、料头与芡汁的多寡等。原料过多，则整个盘面臃肿、不清爽；原料不足，则整个盘面干瘪，有欺骗顾客之嫌。

9. 盘饰包装

新菜品研发出来以后，需要做适当的包装美化，这种包装美化与一般商品的包装美化不同。对菜品进行盘饰包装的目的在于方便顾客，激发顾客的食欲，从而使菜品实现其价值。

菜品盘饰包装的要求如图6-13所示。

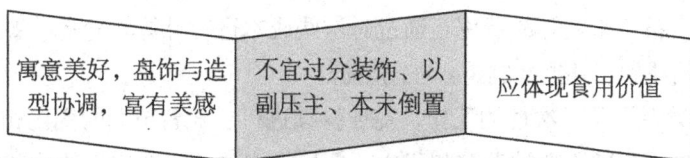

寓意美好，盘饰与造型协调，富有美感	不宜过分装饰、以副压主、本末倒置	应体现食用价值

图6-13 菜品盘饰包装的要求

10.市场试销

新菜品研发出来后应投入市场，及时了解顾客的意见。市场试销是指将研发出来的新菜品投入某家餐厅进行销售，观察市场反应，得到反馈信息，供研发人员参考、分析，以完善菜品。

（二）新菜品的测试

新菜品经过完善后，就进入了测试阶段。新菜品测试步骤如图6-14所示。

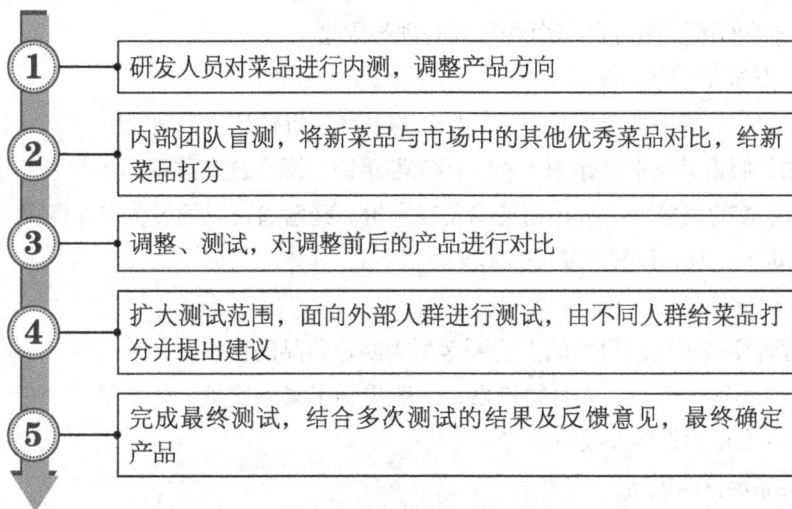

1. 研发人员对菜品进行内测，调整产品方向

2. 内部团队盲测，将新菜品与市场中的其他优秀菜品对比，给新菜品打分

3. 调整、测试，对调整前后的产品进行对比

4. 扩大测试范围，面向外部人群进行测试，由不同人群给菜品打分并提出建议

5. 完成最终测试，结合多次测试的结果及反馈意见，最终确定产品

图6-14 新菜品测试步骤

细节30：新菜品的成本核算与定价

（一）新菜品的成本核算

成本核算是餐厅经营至关重要的一环。它是餐厅管理工作的核心内容之一，可以帮助餐厅衡量经营成果，制定更加科学合理的经营策略，增强盈利能力。

做成本核算时要采用一定的方法。成本主要包括原料成本、人工成本和制造费用等。原料成本包括食材的采购成本，人工成本包括员工的工资和福利，制造费用包括餐具、设备、水电等的费用。通过对这些成本进行计算和分析，餐厅可以计算出每份菜品的成本，并据此制定合理的售价。

成本核算并不是一次性的工作，需要持续进行。随着市场的变化和餐厅自身的发展，成本核算也要不断地调整和优化。餐厅需要建立一个完善的成本核算体系，以确保自身的长期发展和盈利能力。

总之，成本核算是餐厅管理工作的重要组成部分。它可以帮助餐厅制定合理的经营策略，增强盈利能力。

（二）新菜品的定价

科学的定价有利于菜品的销售，降低原料存储成本，增加餐厅的营业收入和利润。

1. 菜品定价应考虑的因素

餐厅在给菜品定价时要考虑材料成本、人员费用、场地租金等直接成本。此外，也不能忽略相邻餐厅的竞争和顾客心理等因素。

（1）相邻餐厅的竞争

一家餐厅的最大竞争者就是与其相邻的餐厅，特别是同类型餐厅。

比如，假设某家湘菜馆附近有三四家湘菜馆，那么这家菜馆的经营者一定要了解其他湘菜馆的菜单，了解热销菜品及其定价。经营者可以通过为某个菜品设置低价的方式进入市场，以吸引更多的顾客。

（2）顾客心理

经营者要根据自己餐厅的主要顾客群来制定菜品的价格。如果餐厅开在高档商业区，那么顾客一般不会太计较价格，一般更看重菜品质量；如果餐厅开在学校附近，就要以实惠的价格来吸引顾客。

2. 菜品定价的策略

有一些定价策略可以帮助经营者在成本、利润与经营理念等方面取得平衡。

一般餐厅采用的定价策略有以下三种。

（1）合理价位

合理价位即在餐厅有合理利润的前提下，以成本为基础，通过计算确定的价格。

（2）高价位

有些餐厅菜品的价格定得比合理价位高出许多，使用高价位策略的餐厅应满足

图 6-15 所示的条件。

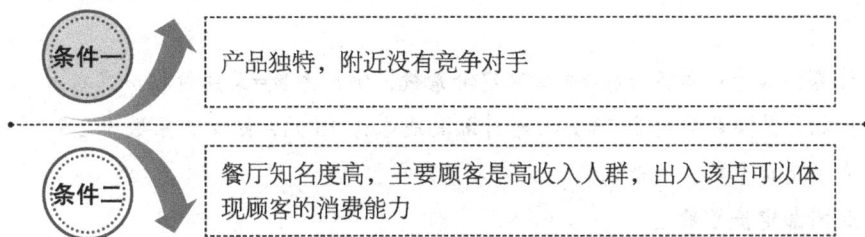

条件一 → 产品独特，附近没有竞争对手

条件二 → 餐厅知名度高，主要顾客是高收入人群，出入该店可以体现顾客的消费能力

图 6-15　使用高价位策略的餐厅应满足的条件

小提示　在采用高价位策略时，须配合高品质的产品及完善的服务等，只有这样顾客才会接受。

（3）低价位

假如餐厅推出了新菜品或大量囤积了某种食材，为了推广新菜品或出清存货，经营者可以把菜品价格定为成本价或比成本价略高的价格，这样就可以实现薄利多销。

相关链接

常见的菜品定价法

1. 毛利定价法

毛利定价法就是根据餐厅要求的毛利率进行定价。

毛利率由经营者的目标和统计数据的平均水平决定。一般餐厅的毛利率为 40% ～ 60%。

计算公式为：菜品价格=成本÷（1-毛利率）。

这里的成本包括可变成本（食材、调料、水、电、燃料等费用）和固定成本（工资、房租、生活费、员工住宿费等）

比如，一份菜的成本是 12 元，毛利率为 40%，则菜品价格 =12÷（1-40%）=20（元），其中，毛利 =20-12=8（元），或 20×40%=8（元）。

2. 系数定价法

系数定价法就是依据同地区、同档次、同类型的餐厅的菜品价格和成本进行定价。

计算公式为：菜品价格=成本×定价系数，定价系数=菜品价格÷成本。

比如，某菜品售价为38元，经计算其成本为15元，则定价系数为2.5。

有了定价系数，其他同类菜品就可以定出价格。

3. 附加定价常数法

这种定价法是在采用系数定价法的基础上加上附加定价常数，这个常数是根据菜品的销售份数确定的。

计算公式为：菜品价格=成本×定价系数+附加定价常数。

附加定价常数是生产和销售每份菜品所发生的固定费用（如能源费用、工资、租金），其计算公式为：附加定价常数=（能源费用+工资+租金）÷当期销售份数。

假设某餐厅一个月销售菜品30 000份，当月的能源费用为50 000元，员工工资为25 000元，门店租金为75 000元，那么附加定价常数=（50 000+75 000+25 000）÷30 000=5（元）。

4. 数字定价法

（1）非整数定价

对一家餐厅来说，要让菜品价格被顾客接受，就要保证价廉，而非整数定价正是抓住了顾客的这种求廉心理。

比如，定价为50元不如定价为48元，100元不如定价为98元。在顾客心目中，钱付出去了还能找零，心情会更愉快，会产生"这道菜很实惠"的感觉。

（2）奇数价格

在定价时用奇数比用偶数好，因为心理学的测试结果证明，很多顾客觉得单数比双数少。

5. "亏本价"定价法

用"亏本价"定价法给菜品定价，不是说把所有菜品的价格都定得很低，而是挑选一些菜品作为特价菜，吸引顾客上门。这种特价菜的价格一定要足够低，让顾客一看就有购买的冲动。

比如，如果将一份烧茄子作为特价菜卖10元，就没什么吸引力，许多快餐店卖的价格比这还低。这样做既降低了自己的利润，也无法吸引顾客，得不偿失。

但是，如果一份烧茄子卖5元就不一样了，肯定会有很多人被这道菜吸引进门，只要顾客再点一道其他的菜，餐厅就可以获得利润。

6. 特色菜定价法

特价菜毕竟是不赚钱的，那么，餐厅怎样才能通过其他菜品把钱赚回来呢？这就要说到特色菜了。

首先，餐厅一定要有特色菜。例如，有一家餐厅面积不大，但一到饭点总是座无虚席，其亮点就在于特色菜。这家餐厅有一道秘制辣子酥鱼，辣酱是自制的，成本不高，但味道特别好。这道菜的价格是 45 元，但成本只有 10 元左右，毛利率约为 60%。

其次，特色菜的占比要适当。高利润的特色菜不能没有，但也不能全都是。如果全都是特色菜，就意味着没有特色。高利润菜品的占比维持在 20% 比较合适；中等利润菜品的占比可以高一些，占 70% 比较合适；低利润菜品主要是为了吸引顾客，占 10% 就可以了。

7. 高低价格分散排列法

在菜单中要将不同价格的菜品分散开，不要将 58 元的列在一起、将 38 元的列在一起，因为如果顾客无法接受 58 元的价格，就不会认真去看列在一起的 58 元的菜品。特色菜一般列在菜单前面，这样销量会高一些。

细节31：新菜品的生产与推出

（一）新菜品的生产

生产新菜品时要考虑各部门、各环节的协调配合，包括菜品原料的粗加工、刀工处理、临灶操作、装盘程序、上菜程序、服务跟踪等。

（二）新菜品的推出

正式推出新菜品后，餐厅要加强跟踪管理，统计新菜品销售情况，通过各种渠道收集信息，根据销售态势和收集的反馈信息分析新菜品存在的问题，不断完善新菜品。

小提示

新菜品研发是由一系列活动构成的一个完整的过程，餐厅要重视每一个环节，只有各个环节均做好保障，才能顺利完成菜品的研发创新活动。

环节 7　生产成本控制

生产成本不仅影响菜品的价格，而且影响餐厅的竞争力。厨房可从图 7-1 所示的几个方面来做好生产成本控制。

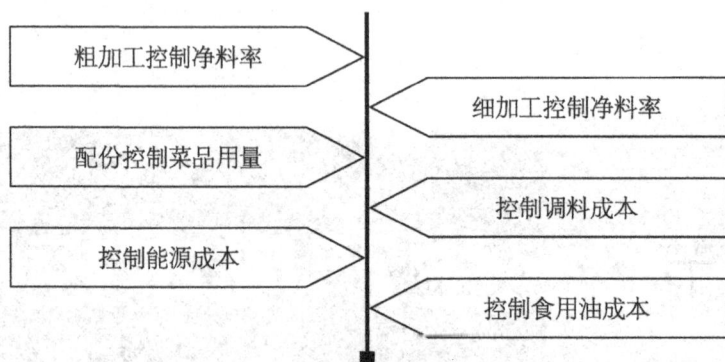

图 7-1 生产成本控制措施

细节32：粗加工控制净料率

净料率就是净料重量与毛料重量的比率，也就是净料重量占毛料重量的比例。在餐饮业中，净料率又称出成率、出品率、出材率、起货率、生料率、拆卸率等，也有称其为"扣""成""折"的。虽然称谓不同，但都反映了原料加工前后的重量变化关系。

厨房生产加工的第一道工序是原料的粗加工，而原料净料率的高低直接影响原料的成本，所以提高原料粗加工的净料率可以有效地降低损耗。

（一）影响原料净料率的重要环节

在粗加工过程中，图 7-2 所示的四个因素会影响原料的净料率。

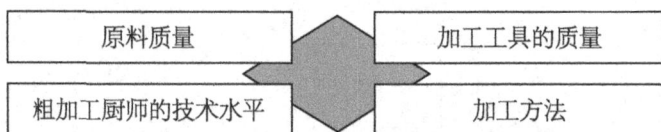

图 7-2 影响原料净料率的因素

100

1. 原料质量

以土豆为例，如果土豆个大、浑圆，用刮皮刀将外层土豆皮刮掉后，其净料率可达 85% 以上；如果土豆个小或外观凹凸不平，其净料率可能只有 65%。原料质量对净料率的影响较大，如果原料质量不理想，往往会产生 25% 的损耗。

2. 粗加工厨师的技术水平

粗加工厨师的技术水平对净料率而言是很重要的影响因素。粗加工厨师的技术水平是指厨师对原料特点的了解程度、熟练操作程度。粗加工厨师的技术水平对净料率的影响较大，如果粗加工厨师技术水平较一般，往往会损失 25% 的原料。

3. 加工工具的质量

砧板和刀是粗加工厨师使用的两种主要加工工具。

（1）砧板中间凹凸不平、周围破裂，刀不锋利等，都会给粗加工厨师造成很大的麻烦。无论多么熟练的粗加工厨师，面对不如人意的工具，其技巧都很难发挥。

（2）加工刀具一定要锋利，长短、宽窄都要恰到好处。粗加工厨师要根据加工对象的特征挑选合适的工具。

4. 加工方法

加工方法是指预先规划好从何处下手，到何处终结，中间需要几个步骤，使下刀比例及深浅程度都合适。

比如，剔一只鸡，应从鸡肋下手剔第一刀，最后一刀在腿骨处收尾。

只有当上述四个因素均得到最佳控制时，净料率才能达到最理想的状态。

（二）蔬菜的粗加工

蔬菜的粗加工是指根据蔬菜种类和烹饪规定，对蔬菜进行择、削等处理，如择去干老叶子、摘除老帮、削去皮根须等。

（1）一般蔬菜的择除部分可按规定的净料率确定。部分蔬菜的净料率如表 7-1 所示。

表 7-1　部分蔬菜的净料率

毛料品名	净料处理项目	净料		下脚料、废料损耗率
		品名	净料率	
白菜	除老叶、帮、根，洗涤	净菜心	38%	62%
白菜、菠菜	除老叶、根，洗涤	净菜	80%	20%
时令冬笋	剥壳、去老根	净冬笋	35%	65%

（续表）

毛料品名	净料处理项目	净料		下脚料、废料损耗率
		品名	净料率	
时令春笋	剥壳、去老根	净春笋	35%	65%
无叶莴苣	削皮、洗涤	净莴苣	60%	40%
无壳茭白	削皮、洗涤	净茭白	80%	20%
刀豆	去尖头、除筋、洗净	净刀豆	90%	10%
蚕豆、毛豆	去壳	净豆	60%	40%
西葫芦	削皮、去籽、洗涤	净西葫芦	70%	30%
茄子	去头、洗涤	净茄子	90%	10%
冬瓜、南瓜	削皮、去籽、洗涤	净瓜	75%	25%
小黄瓜	削皮、去籽、洗涤	净黄瓜	75%	25%
大黄瓜	削皮、去籽、洗涤	净黄瓜	65%	35%
丝瓜	削皮、去籽、洗涤	净丝瓜	55%	45%
卷心菜	除老叶、根，洗涤	净卷心菜	70%	30%
芹菜	除老叶、根，洗涤	净芹菜	70%	30%
青椒、红椒	除根、籽，洗涤	净椒	70%	30%
菜花	除叶、梗，洗涤	净菜花	80%	20%
大葱	除老皮、根，洗涤	净大葱	70%	30%
大蒜	除老皮、根，洗涤	净大蒜	70%	30%
圆葱	除老皮、根，洗涤	净圆葱	80%	20%
山药	削皮、洗涤	净山药	66%	34%
青、白萝卜	削皮、洗涤	净萝卜	80%	20%
土豆	削皮、洗涤	净土豆	80%	20%
莲藕	削皮、洗涤	净莲藕	75%	25%
蒜苗	除老叶、根，洗涤	净蒜苗	80%	20%

（2）将经过择、削等处理的蔬菜放入水池洗涤。洗涤的基本步骤如下。

① 洗净泥土等杂物。

② 用高锰酸钾溶液浸泡蔬菜，浸泡时间一般为 5 ～ 10 分钟。

③将用高锰酸钾溶液浸泡过的蔬菜放入流动水池清洗干净，蔬菜上不得有残留的高锰酸钾溶液。

（3）将经过清洗的蔬菜捞出，放入专用的带有漏眼的筐，送到各厨房的专用货架上。

> 洗蔬菜时应将水池放满水，若洗西兰花等虫子多的菜，水中要加盐。

小提示

（三）畜肉的粗加工

畜肉的粗加工是指按照既定的切割规格并使用专用工具，对肉块、带骨的排骨等原料进行加工。一般的畜肉产品在出售之前就已经被粗加工好了。

（四）活禽的粗加工

活禽的粗加工步骤如图 7-3 所示。

宰杀 → 煺毛 → 开膛 → 洗净内脏

图 7-3　活禽的粗加工步骤

1. 宰杀

（1）准备大碗，碗中放入少量食盐及适量清水（夏天用冷水，冬天用温水）。

（2）用左手抓住禽类翅膀并用小指钩住禽类的一只脚，右手准备切割。

（3）拔去颈毛，用刀割断禽类的气管与血管。

（4）割完后右手捉禽头，左手抬高，倾斜禽身，让禽血流入大碗，血放尽后用筷子搅拌，使血凝固。

2. 煺毛

（1）老鸡最好使用开水煺毛，1 岁左右的鸡鸭宜使用 90℃左右的热水。冬季禽类的毛较厚，在煺毛时可适当提高水温，夏季则适当降低水温。若水温过高，则会使禽类的皮肤破裂。

（2）拔毛时，先将去禽类脚、嘴上的硬皮和壳，然后顺着毛的方向轻压禽身，拔去翼毛，再逆着毛的方向拔去颈毛，最后拔除全身的羽毛。

（3）用80℃热水浸烫禽类，禽类的毛便会自然脱落。

3. 开膛

开膛是为了取出内脏，但需要按烹调要求确定剖开方向。全鸡（或全鸭）有腹开、肋开、背开3种剖开法（见图7-4），但都要保持禽类的形状完整。

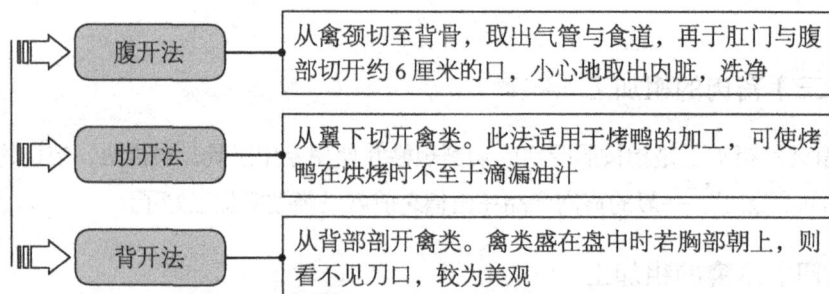

腹开法	从禽颈切至背骨，取出气管与食道，再于肛门与腹部切开约6厘米的口，小心地取出内脏，洗净
肋开法	从翼下切开禽类。此法适用于烤鸭的加工，可使烤鸭在烘烤时不至于滴漏油汁
背开法	从背部剖开禽类。禽类盛在盘中时若胸部朝上，则看不见刀口，较为美观

图7-4　开膛的方法

切块或切丝时，只需剖开腹部取出内脏。

小提示　开膛取出内脏时，千万不要弄破肝脏与胆囊。鸡鸭的肝脏属于上等材料；而胆囊有苦汁，倘若破损，肉便会有苦味。

4. 洗净内脏

鸡鸭的内脏，除嗉囊、气管、食道及胆囊外均可食用。内脏的洗涤方法如表7-2所示。

表7-2　内脏的洗涤方法

内脏名称	洗涤方法	注意事项
胗	先除去结肠，后剖开胗，刮去里面的污物，剥去内壁黄皮并洗净	—
肝	剖胸时取肝，摘去胆囊	不要弄破胆囊，以免使肝染上苦味

（续表）

内脏名称	洗涤方法	注意事项
肠	除去附在肠上的东西，接着用剪刀剖开肠，再用明矾、粗盐除去肠壁的污物与黏液，洗净后用水烫	烫水时间不宜过长，否则肠会变硬，难以咀嚼
脂肪	母鸡腹中有脂肪（鸡油），可以取出使用	鸡油不适合煎熬，可放在蒸笼里蒸，以保持原色

部分家禽类食材的净料率如表 7-3 所示。

表 7-3　部分家禽类食材的净料率

毛料品名	净料处理项目	净料		下脚料、废料损耗率
		品名	净料率	
光鸡	分档整理，洗涤	净鸡 其中： ·鸡肉 ·鸡壳 ·头脚 ·胗肝	88% 43% 30% 11% 4%	12%
光鸭	宰杀，去头、内脏，洗涤	熟鸭	60%	40%
鸭胗	去黄皮，洗涤	净胗	85%	15%
活公鸡	宰杀，洗涤，分档	净鸡	67%	15%
		胗、肝、心、脚、腰等	18%	
活母鸡	宰杀，洗涤，分档	净鸡	70%	13%
		胗、肝、心、脂肪、脚等	17%	

（五）淡水鱼的粗加工

（1）将鱼放在案板上，左手按住鱼身，右手用擀面杖或刀背猛击鱼头几下，使鱼昏迷。

（2）将打晕的鱼放入水槽，刮掉鱼鳞。

（3）抠出鳃盖，挖掉鱼鳃。

（4）用小刀或剪刀剖开鱼肚，从泄殖孔下刀，一直剖到鳃盖下方。

（5）挖出鱼的内脏，靠近鱼头位置的鱼心和食管也要挖出。

（6）用清水清洗鱼体表和腹腔内的脏物，鱼肚里的黑色内膜也要仔细洗净。

（7）将鱼用清水冲洗干净并放入盘中待用。

部分淡水鱼的净料率如表 7-4 所示。

表 7-4　部分淡水鱼的净料率

毛料品名	净料处理项目	净料		下脚料、废料损耗率
		品名	净料率	
鲤鱼、鲢鱼	宰杀，去鳞、鳃、内脏，洗涤	净全鱼	80%	20%
鲫鱼、鳜鱼	宰杀，去鳞、鳃、内脏，洗涤	净鱼块	75%	25%
鳜鱼	剔肉切片	净鱼片	40%	60%
黑鱼、鲤鱼	剔肉切片	净鱼片	35%	65%
鲢鱼	剔肉切片	净鱼片	30%	70%
活鳝鱼	宰杀，去头、尾、肠、血洗净	鳝段、丝	62% 或 50%	38% 或 50%
活甲鱼	宰杀，去壳、去内脏，洗涤	净甲鱼	60%	40%

（六）海产品的粗加工

在对海产品进行粗加工时要注意以下事项。

（1）宰杀海鱼时，先从腮口处放血，然后去鳞，从口中取出内脏。

（2）在加工海蟹时，先开壳后去腮。

（3）宰杀黏液多或带泥沙的海鲜，先用开水洗净黏液和泥沙，再除去内脏。

（4）在加工贝壳类海鲜时，用力从壳中间插入，开壳洗净泥沙。

（5）鱿鱼应除去内脏、外皮。

部分海产品的净料率如表 7-5 所示。

表 7-5　部分海产品的净料率

毛料品名	净料处理项目	净料		下脚料、废料损耗率
		品名	净料率	
大、小黄鱼	宰杀，去鳞、鳃、内脏，洗涤	净全鱼	55%	45%
鲳鱼	宰杀，去鳞、鳃、内脏，洗涤	无头净鱼	80%	20%
带鱼	宰杀，去鳞、鳃、内脏，洗涤	无头净鱼	74%	26%
鲅鱼	宰杀，去鳞、鳃、内脏，洗涤	净鱼	76%	24%
大虾	去须、脚	净虾	80%	20%
比目鱼	宰杀，去内脏、皮、骨，洗涤	净鱼	59%	41%

（七）干货的粗加工

干货在不受潮、不返潮的情况下可以保存一年以上。干货粗加工主要是指干货的涨发。干货品种多，涨发的方法各不相同。只有掌握正确的涨发方法，才能提高干货的净料率。

干货的涨发方法主要有水发法、油发法、碱发法、盐发法等。如果能根据不同干货选用不同的涨发方法，就可以节省可观的成本。下面简单介绍常见的干货涨发方法。

1. 水发法

一般采用水发法的干货类别及其涨发方法如表 7-6 所示。

表 7-6　采用水发法的干货类别及其涨发方法

干货类别	涨发方法
木耳	将木耳直接放入冷水浸泡发透，摘去其根部及杂质，用清水洗净后浸泡备用
冬菇	将冬菇放入开水泡软，捞出后摘去根并用清水洗净，再在清水中浸泡 30 ～ 40 分钟
干贝	将干贝洗净，除去外层老筋，在容器内加清水后，放入干贝并蒸 2 小时
玉兰片	先将玉兰片放入淘米水浸泡 10 小时以上，然后放入冷水煮开，在慢火上加热半小时，捞出后泡在开水中至发透为止
银耳	将银耳中的杂质除去，放入温水浸泡半小时，摘去硬根，洗净后再用凉水泡软

（续表）

干货类别	涨发方法
圆蘑	将圆蘑放入开水浸泡 30 分钟左右，再用温水洗净，剪去硬根，用手撕开，另换凉水冲洗干净，泡软
口蘑	将口蘑放入容器，用凉水清洗干净，加开水浸泡 30 分钟左右
香菇	将香菇放入开水浸泡 1 小时，之后用温水洗净，摘去伞柄的下部，放入容器加开水浸泡几小时
猴头菇	先将猴头菇用温水冲洗，除去灰尘，再放入温水浸泡 3 ~ 4 小时，待回软后捞出，取下猴头菇的芯，再用清水冲洗干净
黄花菜	将黄花菜用温水浸泡回软后捞出，摘净顶部硬梗及杂质，再放冷水锅中煮沸，捞出后用凉水浸泡
百合	将百合洗净后放入容器，加水后盖上盖子浸泡 30 分钟，然后洗净杂质
葛仙米	将葛仙米用温水洗净，再放入碗内用热水浸泡回软
龙须菜	先用清水将龙须菜洗净，再换清水浸泡回软
白果	（1）先将白果放入冷水锅煮沸，然后离火，用刷子用力向锅中白果戳插，使其脱皮，同时迅速将果仁取出，用水冲洗，以免染上红色 （2）若还有残皮，可再加热戳插，反复进行，直到皮剥净为止 （3）将果仁装入容器，加水上屉蒸 15 ~ 20 分钟，取下静置 5 ~ 6 小时
海米	将海米用凉水洗净，放入容器，加盖并用热水浸泡 30 分钟以上
海蜇	将海蜇用冷水洗净，切成细丝后用开水烫一下，再用凉水洗净，浸泡 3 ~ 4 小时
蛏子	将蛏子用清水洗净，急用时可放入温水浸泡 5 ~ 8 小时，捞出洗净；平时用凉水浸泡 10 ~ 15 小时，捞出洗净即可

2. 油发法

一般采用油发法的干货类别及其涨发方法如表 7-7 所示。

表 7-7　采用油发法的干货类别及其涨发方法

干货类别	涨发方法
蹄筋	（1）将蹄筋放入温油锅，使油温逐渐升高，同时用勺不断搅动，待蹄筋漂起并产生气泡时将锅移开，稍微冷却，待气泡消失后继续加热 （2）待蹄筋涨发后，稍微喷些水，直至涨发饱满时捞出，沥干油后，放入热碱液浸泡 15 分钟左右，捞出洗净

（续表）

干货类别	涨发方法
鱼肚	（1）将鱼肚擦干净，放入温油锅，逐渐使油温升高 （2）待完全膨胀后，改用小火将鱼肚压入油内使其发透，并不断翻动，然后捞出鱼肚，放入容器并用凉水浸泡回软 （3）将鱼肚捞出后放入锅中，加少许碱煮沸，再捞出用温水洗净
鹿筋	（1）将鹿筋用温水洗净，用抹布擦去其表面水分，放阴凉处风干 （2）放入温油锅，逐渐升高油温，直至鹿筋全部变硬 （3）取出后用热碱水冲洗干净，再用温水浸泡回软

3. 碱发法

一般采用碱发法的干货类别及其涨发方法如表 7-8 所示。

表 7-8　采用碱发法的干货类别及其涨发方法

干货类别	涨发方法
鱿鱼	（1）将鱿鱼放在冷水中浸泡回软，取出后放入配制好的碱水 （2）用熟碱水一般需浸泡 8～12 小时，用生碱水所需的时间更长 （3）待用手捏能感到肉质富有弹性时取出，用清水漂洗干净后浸泡备用
鲍鱼	（1）将鲍鱼洗干净，放在温水中浸泡 24 小时 （2）换水烧煮 1 小时，捞出后放入配制好的碱水，浸泡至完全回软 （3）用清水反复漂洗干净
莲子	（1）在容器内放入开水，再放入碱水溶液（水：碱 =20：1） （2）加入莲子，用刷子搓揉 3～4 分钟后捞出，放入另一盛有开水的容器，继续搓刷，反复进行直到皮净发白为止 （3）削去莲子顶端小芽，切去下端，用竹签捅出莲芯，放入容器，加水上屉蒸 15～20 分钟 （4）去掉原汤，放入清水备用

4. 盐发法

一般采用盐发法的干货类别及其涨发方法如表 7-9 所示。

表 7-9　采用盐发法的干货类别及其涨发方法

干货类别	涨发方法
鱼肚	（1）将盐用温火炒热，除去水分 （2）不断翻炒鱼肚，待其开始膨胀时，埋入盐中焖 2 分钟，再反复翻炒 1 小时左右

（续表）

干货类别	涨发方法
鱼肚	（3）将鱼肚折断，若无白心，则说明已发好 （4）放入冷水备用
猪蹄筋	（1）1千克猪蹄筋需用2.5千克盐 （2）将盐放入锅内翻炒，使其水分挥发，再放入猪蹄筋翻炒，待发出"噼啪"声时，迅速翻动至涨大
肉皮	（1）将盐下锅炒干，倒在肉皮上，待发出"噼啪"声时翻炒 （2）把肉皮埋在盐中焖十几分钟，再翻炒，待肉皮回软时，改用小火把肉皮用盐埋好焖透，当其卷缩时，表明肉皮已发好 （3）使用时用沸水浸泡回软，用碱水洗出油，再用温水漂出盐分

5. 干货的净料率

粗加工厨师在对干货进行加工时要掌握其净料率，部分干货的净料率如表7-10所示。

表7-10　部分干货的净料率

毛料品名	净料处理项目	净料		下脚料、废料损耗率
		品名	净料率	
刺参	拣洗，泡发	净水发刺参	400%～500%	—
干贝	拣洗，泡发	水发干贝	200%～250%	—
海米	拣洗，泡发	水发海米	200%～250%	—
鱼肚	油浸发，水泡软，挤干水分	水发鱼肚	300%～450%	—
蜇头	拣洗，泡发	净蜇头	130%	—
海带	拣洗，泡发	净水发海带	500%	—
肉皮	油浸发，水泡软，挤干水分	水发肉皮	300%～450%	—
猪蹄筋	油浸发，水泡软，挤干水分	水发猪蹄筋	300%～450%	—
蘑菇	拣洗，泡发	水发蘑菇	200%～300%	—
黄花菜	拣洗，泡发	水发黄花菜	200%～300%	—
竹笋	拣洗，泡发	水发竹笋	300%～800%	—
冬菇	拣洗，泡发	水发冬菇	250%～350%	—

（续表）

毛料品名	净料处理项目	净料		下脚料、废料损耗率
		品名	净料率	
香菇	拣洗，泡发	水发香菇	200%～300%	—
黑木耳	拣洗，泡发	水发黑木耳	500%～1 000%	—
笋干	拣洗，泡发	水发笋干	400%～500%	—
玉兰片	拣洗，泡发	水发玉兰片	250%～350%	—
银耳	拣洗，泡发	净水发银耳	400%～800%	—
粉条	拣洗，泡发	净湿粉条	350%	—
带壳花生	剥去外壳	净花生仁	70%	30%
带壳白果	剥去外壳	净白果仁	60%	40%
带壳栗子	剥去外壳	净栗子肉	63%	37%

细节33：细加工控制净料率

经过细加工的食品原料可形成块、片、丝、条、丁、末等不同的形状和规格。下刀时要心中有数，用料要合理，力争物尽其用，避免刀工处理后出现过多的边角余料，降低原料档次，影响原料的使用价值。

（一）刀法的要求

1.直刀法

直刀法的特点是刀与菜墩成直角。直刀法适用于动物性及植物性原料，分为直切、推切、拉切、锯切、铡切、滚刀切、劈和剁，具体如表7-11所示。

表7-11　直刀法

类别	操作说明	图示
直切	又称跳切，是指从上往下垂直下刀，并垂直提刀	

（续表）

类别		操作说明	图示
推切		刀与原料垂直，刀由后往前推去，一刀推到底	
拉切		刀由前往后拉，一刀拉到底	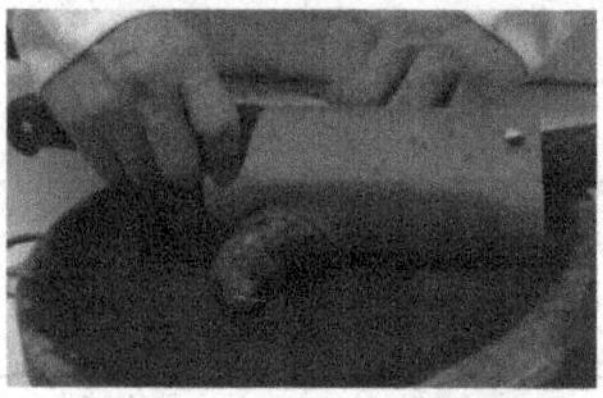
锯切		切时刀先向前推，然后往后拉，像拉锯一样	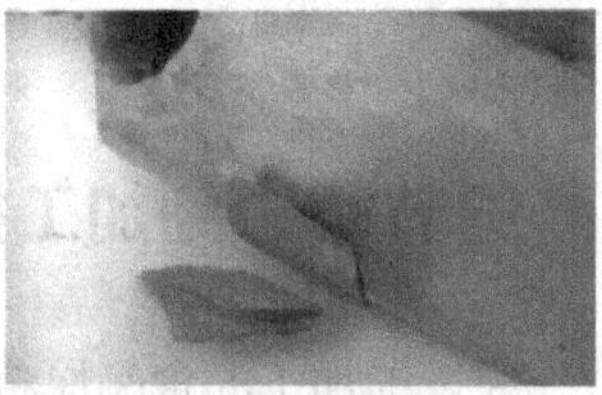
铡切		右手提起刀柄，左手握住刀背前端，刀柄翘起，刀尖下垂，在原料要切的部位上用力压下去。左右两手摇切下去，用力要均衡	
滚刀切		每切一刀，就把原料滚动一次	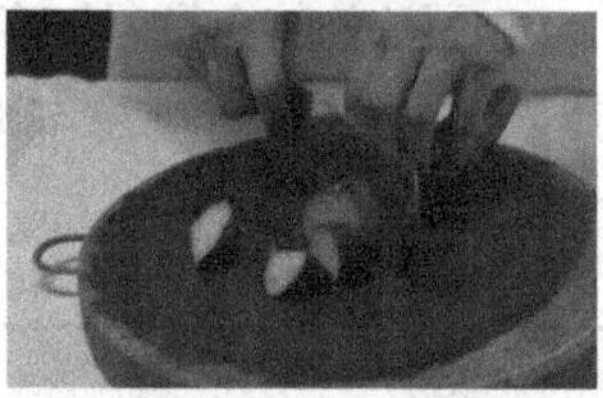
劈	直劈	把刀对准要劈的部位，用力向下直劈	

（续表）

类别		操作说明	图示
劈	跟刀劈	把刀刃砍入原料要劈的部位，然后刀使与原料一齐起落	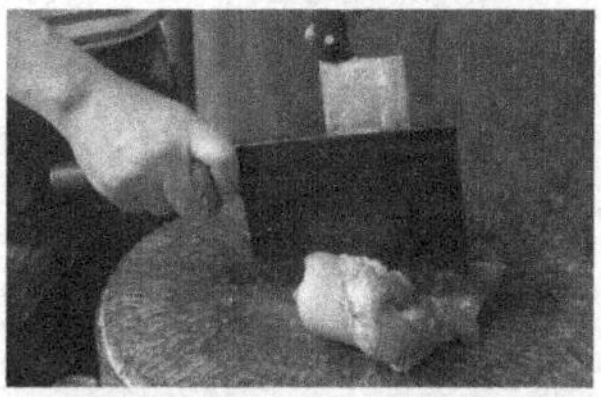
	拍刀劈	刀对准原料要劈的部位，右手握紧刀柄，左手用力拍打刀背，将原料劈开	
剁	排剁	双手各执一把刀，一上一下地剁下去	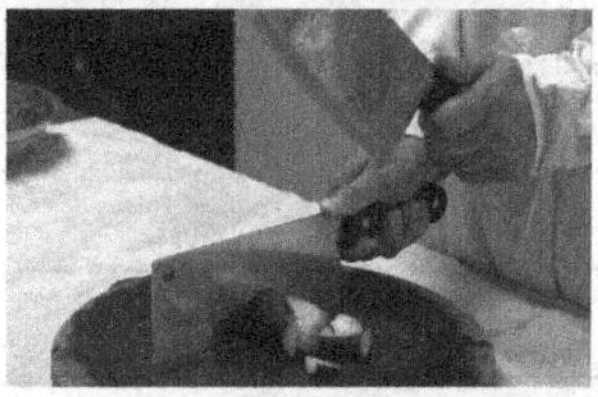
	直剁	左手按稳原料，右手提刀直剁下去	

2. 斜刀法

斜刀法的特点是刀与菜墩成一定倾斜角度。斜刀法适用于脆性或黏滑的原料，包括正斜刀法和反斜刀法，具体如表 7-12 所示。

表 7-12　斜刀法

类别	操作说明	图示
正斜刀法	刀面与菜墩成 40° ～ 50° 角，运用拉力，左手按料，刀走下侧。正斜刀法适用于软嫩原料，如鸡脯、腰片、鱼肉	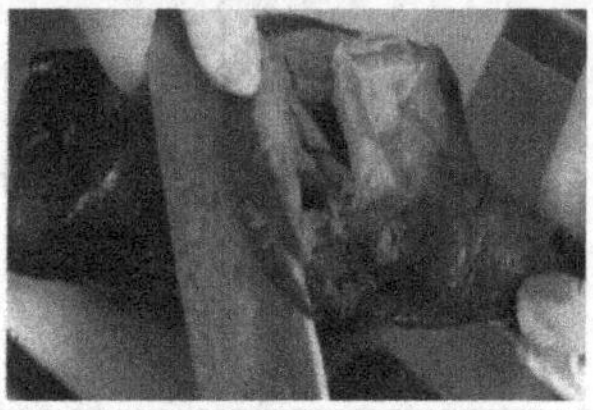

（续表）

类别	操作说明	图示
反斜刀法	刀面与菜墩成 130°～140° 角，运用推力，左手按料，刀身斜抵住左手指节。反斜刀法适合脆性而黏滑的原料，如熟牛肉、葱段、姜片等	

3. 平刀法

平刀法的特点是刀与菜墩几乎平行。平刀法适用于无骨的动物性原料、韧性原料及脆性的蔬菜。操作时要按稳原料，用力不可过大，拿刀的手食指与中指之间留适当的空隙。平刀法分为四类，具体如表 7-13 所示。

表 7-13　平刀法

类别	操作说明	图示
平刀批	刀与菜墩几乎平行，按要求的厚度批	
推刀批	刀与菜墩几乎平行，批进原料后向前推。推刀批适用于煮熟回软的脆性原料	
拉刀批	刀与菜墩几乎平行，批进原料后向后拉。拉刀批多用于韧性原料	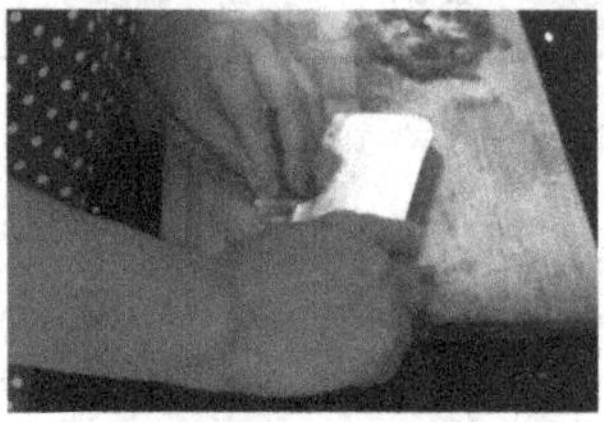

（续表）

类别	操作说明	图示
抖刀批	为了美化原料，在刀批进原料后可采取波浪式前进的切法	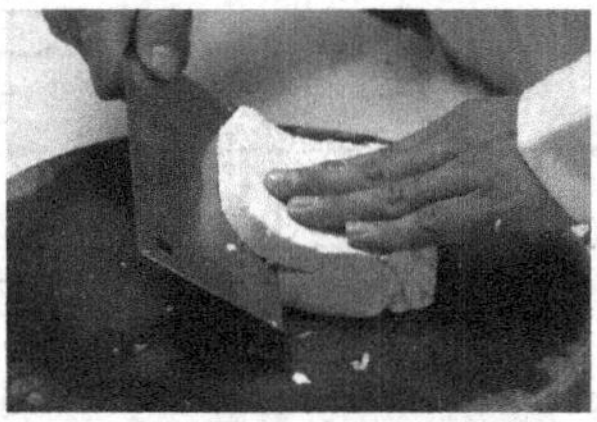

（二）细加工规格

1. 常见主、配料料形规格

常见主、配料料形规格如表 7-14 所示。

表 7-14 常见主、配料料形规格

料形名称	适用范围	规格
丁	鱼、肉等	大丁边长为 1～1.5 厘米，碎丁边长为 0.5 厘米
方块	动、植物	边长为 2～3 厘米
粗条	动、植物	1.5 厘米见方，4.5 厘米长
细条	动、植物	1 厘米见方，3 厘米长
粗丝	动物	0.3～0.5 厘米见方，4～6 厘米长
细丝	植物	0.1～0.2 厘米见方，5～6 厘米长
长方片	动、植物	0.1～0.2 厘米厚，2～2.5 厘米宽，4～5 厘米长

2. 常用料头规格

常用料头规格如表 7-15 所示。

表 7-15 常用料头规格

料头名称	用料	规格
葱花	大葱	长 0.5～1 厘米
葱段	大葱	长 2 厘米
葱丝	大葱	长 3～5 厘米，宽 0.2 厘米左右

（续表）

料头名称	用料	规格
姜片	生姜	长1厘米，宽0.6～0.8厘米，厚0.1厘米左右
姜丝	生姜	长3～5厘米，宽0.1厘米
香菜段	香菜梗	长3～5厘米
香菜末	香菜梗	长0.5～0.6厘米
蒜片	蒜瓣	厚0.1厘米左右，自然形
葱姜米	大葱、生姜	长0.2～0.3厘米
蒜蓉	蒜头	长0.1～0.2厘米
干辣椒段	干辣椒	长1～1.5厘米
干辣椒丁	干辣椒	长0.5～1厘米
青红辣椒丁	青红辣椒	长0.2～0.3厘米

（三）各类原料的加工要求

1. 蔬菜细加工

（1）准备事项

蔬菜细加工的准备事项如表7-16所示。

表7-16　蔬菜细加工的准备事项

准备事项	说明
蔬菜的准备	取出冰箱里的蔬菜；对于缺少的蔬菜，切配师要通知粗加工厨师及时加工
用具的准备	取出生食砧板，放好废料盒备用，拿出切制蔬菜的菜刀、抹布备用
料头的准备	取出冰箱中的各种料筒备用，需要换水的进行换水，需要焯水的放入锅中焯水；将不合格的料头倒入废料盒
检查蔬菜	对放到砧板上的蔬菜进行挑拣，检查有无黄叶、老叶、烂叶，有无虫子、杂物
重新加工	将不合格的蔬菜退回粗加工间整改
存放	将挑好的蔬菜整齐码放在台面上

（2）切制料头的要求

切制料头的要求如图 7-5 所示。

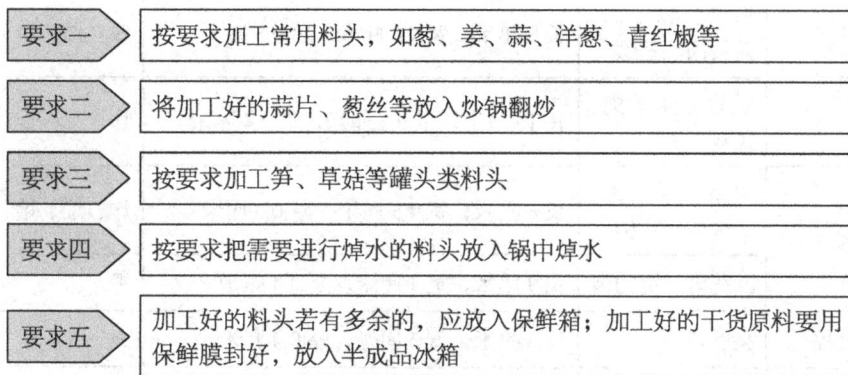

要求一	按要求加工常用料头，如葱、姜、蒜、洋葱、青红椒等
要求二	将加工好的蒜片、葱丝等放入炒锅翻炒
要求三	按要求加工笋、草菇等罐头类料头
要求四	按要求把需要进行焯水的料头放入锅中焯水
要求五	加工好的料头若有多余的，应放入保鲜箱；加工好的干货原料要用保鲜膜封好，放入半成品冰箱

图 7-5　切制料头的要求

（3）加工步骤

蔬菜细加工的步骤如表 7-17 所示。

表 7-17　蔬菜细加工的步骤

加工步骤	说明
接收粗加工过的蔬菜	接收粗加工过的蔬菜，如刮过皮的西芹、茄子等
进行细加工	（1）按规格和宴会要求加工已去皮的蔬菜，如茄子、西芹、芥蓝、土豆、冬瓜等 （2）按规格和宴会要求，加工需先切割再拿到菜房清洗的蔬菜，如西兰花、莜麦菜等 （3）菜房拿过来的洗净的菜，凡不符合要求的，均重新进行细加工，如油菜
整理	对需用水浸泡的蔬菜进行浸泡，如芥蓝、土豆、西芹等；将需要清洗的蔬菜拿到菜房清洗，如西兰花、莜麦菜等
存放	细加工过的蔬菜，凡不需泡水的，都应整齐存放在吊柜上；需要泡水的，应整齐存放在案台上

2.猪肉加工成形标准

猪肉加工成形标准如表 7-18 所示。

表 7-18 猪肉加工成形标准

成品名称	用料及部位	加工成形规格	适用范围
肉丝	里脊、弹子肉、盖板肉、肥膘	长 8 厘米，宽 0.3 厘米，厚 0.3 厘米	炒、熘、烩、煮
	里脊、弹子肉、盖板肉	长 10 厘米，宽 0.4 厘米，厚 0.4 厘米	炸
肉片	里脊、弹子肉、盖板肉、腰柳	长 6 厘米，宽 4.5 厘米，厚 0.3 厘米	炸、熘、烩、煮
	五花肉、宝肋肉	长 8 厘米，宽 4 厘米，厚 0.4 厘米	蒸
肚片	猪肚	长 6 厘米，宽 3 厘米，厚 0.4 厘米	卤、拌
舌片	猪舌	长 6 厘米，宽 4 厘米，厚 0.2 厘米	卤、拌

3. 鸡的加工成形标准

鸡的加工成形标准如表 7-19 所示。

表 7-19 鸡的加工成形标准

成品名称	用料及部位	加工成形规格	适用范围
鸡丝	鸡脯肉	长 8 厘米，宽 0.4 厘米，厚 0.4 厘米	炒、熘、烩、煮
	鸡脯肉、腿肉	长 6 厘米，宽 0.4 厘米，厚 0.4 厘米	鸡丝卷
鸡片	鸡脯肉	长 6 厘米，宽 4.5 厘米，厚 0.3 厘米	炒、熘、烩、煮、锅贴
	鸡脯肉、腿肉	长 6 厘米，宽 4 厘米，厚 0.4 厘米	拌

4. 鱼的加工成形标准

鱼的加工成形标准如表 7-20 所示。

表 7-20 鱼的加工成形标准

成品名称	用料及部位	加工成形规格	适用范围
鱼丝	草鱼、鳜鱼、乌鱼净肉	长 6 厘米，粗 0.4 厘米 × 0.4 厘米	熘、烩、煮

（续表）

成品名称	用料及部位	加工成形规格	适用范围
鱼片	草鱼、鳜鱼、乌鱼净肉	长 6 厘米，宽 4.5 厘米，厚 0.4 厘米	炒、熘、烩、煮、锅贴
鱼条	草鱼、鳜鱼、乌鱼、鲑鱼净肉	长 6 厘米，粗 1.2 厘米 × 1.2 厘米	蒸、炸

（四）控制净料率

要在保证加工质量的前提下尽可能提高净料率，根据原料的档次和净料率计算出净料成本，以便为核定每份菜品的成本提供依据。

提高净料率有助于降低成本、提高利润，因此须予以重视。

相关链接

分档取料节约成本

分档取料既可以保证菜品的质量、突出菜品的特点，也可以节约成本，使原料得到合理使用，做到物尽其用。

接下来介绍加工方法与利润互相影响的几个实例。

实例一

饭店新购进 200 千克猪肉准备加工，加工间共 4 个人，要求将这批猪肉加工为 50 千克丝、50 千克片、50 千克丁、50 千克馅。

科学的加工方式如下。

4 种形状中，先加工刀工要求最精细、肉质要求最高的形状。也就是说，肉的质量稍差时，这种形状便切不出来。案例中，对肉质要求最高的是丝，因此第一步是 4 人同时切丝。由于取得的都是整块肉，也便于切丝。其中，丝的净料率最低，约为 70%，切出 50 千克即可；第二步是切片，片的净料率可达 80%，损耗率为 20%；第三步是切丁，丁的净料率可达 90%，即 500 克肉可切出 450 克丁，同样切出 50 千克；余料全部搅馅，馅的净料率为 100%，无任何损耗。

这种加工方法是最科学的，不会浪费任何原料，做到了物尽其用。

如果加工方法不够科学，拿到肉后4个人每人切一种形状，或者先切出50千克肉去搅馅，最后切丝，就没办法按要求完成任务。

因此，在加工前一定要进行选择，选择肉质要求最高的形状先进行加工，然后以此为基础继续加工。

实例二

鸡、鸭、鹅、鸽4种家禽是经常使用的烹调原料，属于动物性原料中的禽类。

以鸡为例，采购回整只的鸡后，应先将鸡肉与骨分离进行分档取料，将鸡头、鸡颈割下卤制，做成凉菜外卖；没有任何筋的鸡芽子肉（又叫鸡柳、鸡里脊）用来制馅，作为鸡丸子、芙蓉鸡片等的主要原料；鸡胸肉可以做鸡片、炒鸡丁；鸡腿肉可以用来烧；鸡翅直接用来炸、烤；鸡爪可以做出各种各样的凤爪类菜；最后，剩下的鸡架可以用来炖汤。经过科学处理，鸡的各部分都可以得到充分运用，而且菜品的种类也得以丰富。

因此，在设计成批购进的原料时，首先要考虑的不是菜品如何烹饪，而是利用这批原料可以烹饪出多少道菜。

实例三

以鱼为例，鱼骨头可以做酥炸鱼骨，鱼头可以做鱼头汤，鱼尾可以做红烧划水。这样不仅整条鱼都能得到利用，菜谱上还能增加几个品种，同时大大节约了成本。

在某餐厅，一条鱼就能烹饪出七八样菜品，连鱼骨也能出菜，一点也不会造成浪费。这就要求根据原料制定菜单，而非根据菜单采购原料。

细节34：控制配份

配份是为使菜品具有一定质量、形状和营养成分而搭配各种原料的过程，是细加工后的一道工序。

根据菜品烹调类型，菜品配制可以分为冷菜配制和热菜配制，具体如图7-6所示。

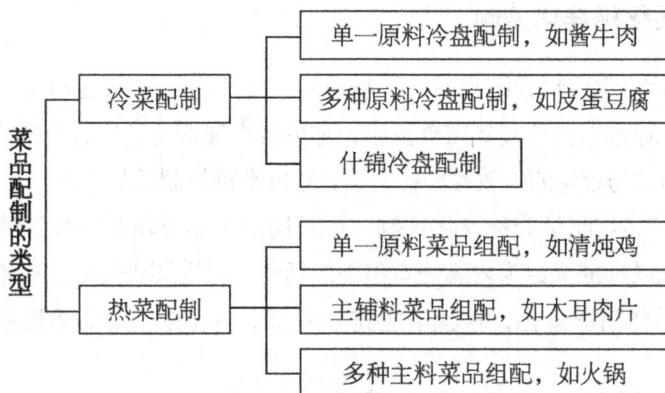

图 7-6　菜品配制的分类

　　配份是厨房生产菜品的主要工序，会影响菜品的内在质量、感官质量、分量和成本，因此必须加强配份控制。

（一）遵循菜品配制基本原则

　　菜品配制要遵循表 7-21 所示的基本原则。

表 7-21　菜品配制基本原则

基本原则	说明
色彩组配	菜品色彩组配的基本要求是辅料的色彩应适应主料 （1）同类色的组配。同类色的组配是指构成菜品的各种原料的色彩应相似，如糟熘三白、银耳豆腐汤 （2）对比色的组配。对比色的组配是指把两种或两种以上不同色彩的原料组配在一起，使其协调美观、色泽绚丽，如五彩鸡丝
香味组配	菜品香味组配需要遵循的原则如下 （1）若主料香味较好，应突出主料香味 （2）若主料香味不足，应突出辅料香味 （3）若主料香味不理想，可用调料的香味掩盖 （4）香味相似的原料不宜相互搭配
口味组配	口味是菜品的灵魂，一菜一味。一般来说，菜品口味组配要遵循淡味原则、浓味原则、适口原则、适时原则
原料形状组配	原料形状组配原则为突出主料，辅料要适应主料形状，即丝配丝、片配片、块配块、丁配丁。但不论什么形状，辅料都应略小于主料，以便更好地衬托主料
原料质地组配	菜品所用原料往往质地不一。一般来说，搭配的规律是软配软、硬配硬、脆配脆。也有一些软硬搭配的菜品，在烹调时要按投料先后来控制火候，将其烹制得生熟均匀、软硬脆嫩适中

（二）强化标准化控制

厨房一般采用经验式配菜方法，配份厨师靠手上工夫对各种原料进行手工抓配，要求"一抓准"。这其实很难做到，难免会出现误差，具有较强的随意性，难以保证菜品质量与数量的一致性和稳定性，难以准确控制菜品成本。

厨房生产实行配份的标准化控制，就是厨房根据菜单制定标准菜谱，并在生产活动中实施以标准菜谱为内容的有组织的活动。标准菜谱的制定应根据各餐厅和厨房生产的具体情况进行，过程中应充分考虑烹调操作、菜品质量和原料成本等因素。

1.标准配料单是计算成本的依据

标准配料单是计算成本的依据，因此需要在制作标准菜谱前确定，标准配料单也是厨房配菜的主要依据。

2.标准配料单的制作方法与格式

标准配料单的制作要求精确，精确不仅要体现在制作过程中，还要体现在执行过程中。以餐厅为例，应根据所售菜品的品种制作标准配料单，有多少种菜品，就要制作多少份标准配料单，每份标准配料单上都要体现毛利、售价、成本。

（1）菜品配份标准

菜品配份标准（部分）如表7-22所示。

表7-22　菜品配份标准（部分）

菜品名称	分量	主料		辅料		料头		容器规格
		名称	数量	名称	数量	名称	数量	
鱼香肉丝	1例	猪肉丝	120克	莴笋丝	30克	姜蒜米	各8克	7寸条盘
				木耳丝	15克	鱼眼葱	10克	
麻婆豆腐	1例	豆腐	150克	牛肉末	30克	蒜苗	15克	7寸条盘

（2）点心配份标准

点心配份标准（部分）如表7-23所示。

表 7-23　点心配份标准（部分）

名称	分量	主料		辅料		容器规格
		名称	数量	名称	数量	
小笼包子	1 个	发酵面团	30 克	肉馅	15 克	2 寸圆碟
清汤面条	1 例	面条	30 克	菜心	10 克	2 寸汤碗
玻璃烧卖	1 个	烧卖皮	1 张	肉馅	20 克	2 寸圆碟

（3）面团配份标准

面团配份标准（部分）如表 7-24 所示。

表 7-24　面团配份标准（部分）

菜品名称	数量	主料		辅料	
		名称	数量	名称	数量
油酥面团	800 克	面粉	500 克	猪油	100 克

（4）馅料配份标准

馅料配份标准（部分）如表 7-25 所示。

表 7-25　馅料配份标准（部分）

菜品名称	数量	主料		辅料		料头	
		名称	数量	名称	数量	名称	数量
豆沙馅	500 克	绿豆	350 克	白糖	130 克	油	20 克

（5）臊子配份标准

臊子配份标准（部分）如表 7-26 所示。

表 7-26　臊子配份标准（部分）

菜品名称	数量	主料		辅料		料头	
		名称	数量	名称	数量	名称	数量
猪肉脆臊	500 克	猪肉	450 克	红糖	15 克	料酒、盐、味精、胡椒粉	适量
				香葱	2 根		

（三）加强操作过程监督

现代厨房在推行标准化管理的同时必须建立一套与之相适应的、有效的监督体系，这能使厨房员工在配份时能够按照标准进行操作，最大限度地避免有标准不依、随意配菜的现象发生。

由于业务量大且工作时间相对集中在饭点，配份厨师有时忙不过来，就会把配份程序简化，如主料不过称等，因此必须建立监督体系。监督体系应根据具体情况确定，如不定点、不定时的立体式检查、抽查，或者在厨房安装电子监控系统，安排专人查看监视器。

（四）强化配份厨师的责任心

如果配份厨师的责任心不够，就会导致菜品配份和原料成本管理失控，严重影响菜品的质量与原料成本的控制。作为配份厨师，除了要有良好的责任心与敬业精神外，还必须掌握一定的菜品配份知识与技术，具体如图 7-7 所示。

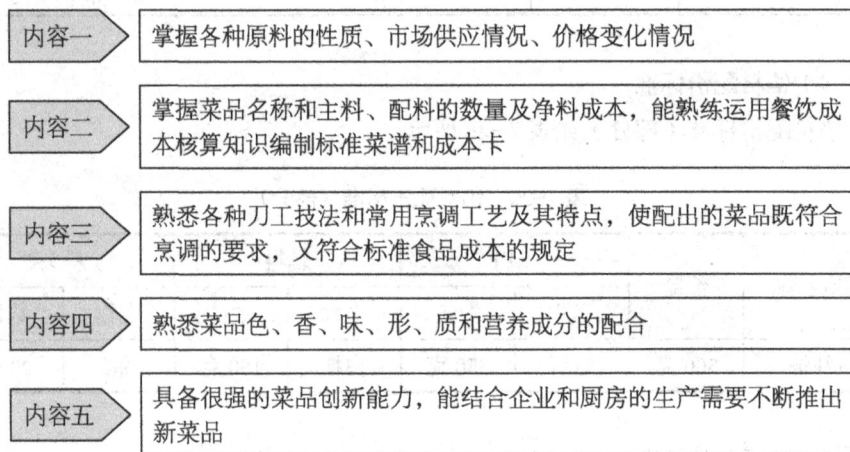

内容一	掌握各种原料的性质、市场供应情况、价格变化情况
内容二	掌握菜品名称和主料、配料的数量及净料成本，能熟练运用餐饮成本核算知识编制标准菜谱和成本卡
内容三	熟悉各种刀工技法和常用烹调工艺及其特点，使配出的菜品既符合烹调的要求，又符合标准食品成本的规定
内容四	熟悉菜品色、香、味、形、质和营养成分的配合
内容五	具备很强的菜品创新能力，能结合企业和厨房的生产需要不断推出新菜品

图 7-7　配份厨师应掌握的知识与技术

细节35：控制调料成本

随着调料生产水平的不断提高，高品质、多功能的调料越来越多，其价格越来越高。控制调料成本是厨房生产管理与成本控制的一个关键环节。

一般来说，调料是用来确定和改善菜品口味的，主要呈现咸、酸、甜、辣、鲜等味道，如上浆用的淀粉、鸡蛋清，原料熟处理时使用的油脂、汤汁等。目前，在厨房生产管理中，控制调料成本的常见方法有下面几种。

（一）尽量做到量化或细化

控制调料成本的主要方式为将调料的使用量规格化、标准化，对于不易量化的，应尽可能将其细化。实际上，调料的标准投放不仅有利于调料成本的控制，更有利于菜品质量的稳定。如果一道菜品连起码的咸度、甜度、酸度、辣度、色泽等基本指标都无法规范，菜品一天一个样，也就没有质量标准可言了。因此，给所有的菜品确定调料使用标准是非常有必要的。

以下列举一些主要调味汁的规格。

（1）麻辣味汁的规格

麻辣味汁（配制 20 份菜）的规格如表 7-27 所示。

表 7-27　麻辣味汁（配制 20 份菜）的规格

调味品名	数量	备注
红油辣椒	30 克	
花椒粉	20 克	
红酱油	30 克	
精盐	30 克	（1）可用 100 克红油代替 30 克红油辣椒 （2）所有调料配好之后加开水 750 克（或鲜汤）调制
味精	20 克	
白糖	30 克	
料酒	50 克	
姜末	20 克	
香油	20 克	

（2）糖醋味汁的规格

糖醋味汁（配制 15 份菜）的规格如表 7-28 所示。

表 7-28　糖醋味汁（配制 15 份菜）的规格

调味品名	数量	备注
醋	150 克	（1）将 250 克清水加入调料中，然后在锅中熬化调料，再加些香油 （2）糖醋味汁一定要浓稠
酱油	10 克	
精盐	8 克	
白糖	250 克	
色拉油	50 克	
姜末	10 克	
蒜米	20 克	
香油	50 克	

（3）茄汁味汁的规格

茄汁味汁（配制 20 份菜）的规格如表 7-29 所示。

表 7-29　茄汁味汁（配制 20 份菜）的规格

调味品名	数量	备注
精盐	15 克	（1）将色拉油倒入锅中烧热，之后放入蒜泥及番茄酱炒香，再加入清水 500 克，炒匀以上调料即可 （2）炒制时不能勾芡，要以茄汁自芡
醋	50 克	
白糖	300 克	
姜末	10 克	
番茄酱	200 克	
色拉油	200 克	
蒜泥	30 克	

（4）鱼香味汁的规格

鱼香味汁（配制 15 份菜）的规格如表 7-30 所示。

表 7-30　鱼香味汁（配制 15 份菜）的规格

调味品名	数量	备注
精盐	15 克	将调料拌匀后撒在白煮的凉菜中
酱油	50 克	
醋	30 克	

（续表）

调味品名	数量	备注
白糖	20 克	
泡红辣椒末	50 克	
姜米	50 克	
蒜米	50 克	将调料拌匀后撒在白煮的凉菜中
葱白	50 克	
红油	100 克	
味精	30 克	
芝麻油	50 克	

（5）制糊规格

制糊规格（部分）如表 7-31 所示。

表 7-31　制糊规格（部分）

品名	鸡蛋	鸡蛋清	干细淀粉
全蛋糊	1 个	—	50 克
蛋清糊	—	1 个	40 克

（6）制浆规格

制浆规格（部分）如表 7-32 所示。

表 7-32　制浆规格（部分）

品名	鸡蛋	鸡蛋清	干细淀粉
全蛋浆	1 个	—	40 克
蛋清浆	—	1 个	30 克

（二）批量生产

有条件的厨房应尽可能批量生产，这有利于降低成本。厨房可结合自身情况参考以下方法来降低成本。

（1）半成品批量加工。厨房可以将主料或配料加工成半成品，如将常用的肉片

127

种类加工后备用，对销量最大的菜品主料进行初步熟处理等。

（2）批量调制调料。厨房最常用的调料有盐、糖、料酒、高汤等，厨房可在营业前将这些调料按一定比例调制好，这样可以节约能源、人工等成本。

细节36：控制能源成本

厨房都会用到水、电、煤气或天然气等。水、电、气成本一般占餐厅营业额的6%～8%。水、电、气成本控制是决定厨房生产成本控制目标能否实现的关键环节之一。

（一）水费控制

餐厅用水属于经营服务用水，虽然水费在整个经营成本中所占的比例并不高，但是如果所有员工都能认识到节约用水的重要性，也可以节省一定的成本。需要牢记的一点是，节约用水不能以降低卫生水平为代价。

餐厅应采用各种方式对用水进行控制，从管理者至基层员工均要参与。餐厅可采取图 7-8 所示的措施来减少用水量。

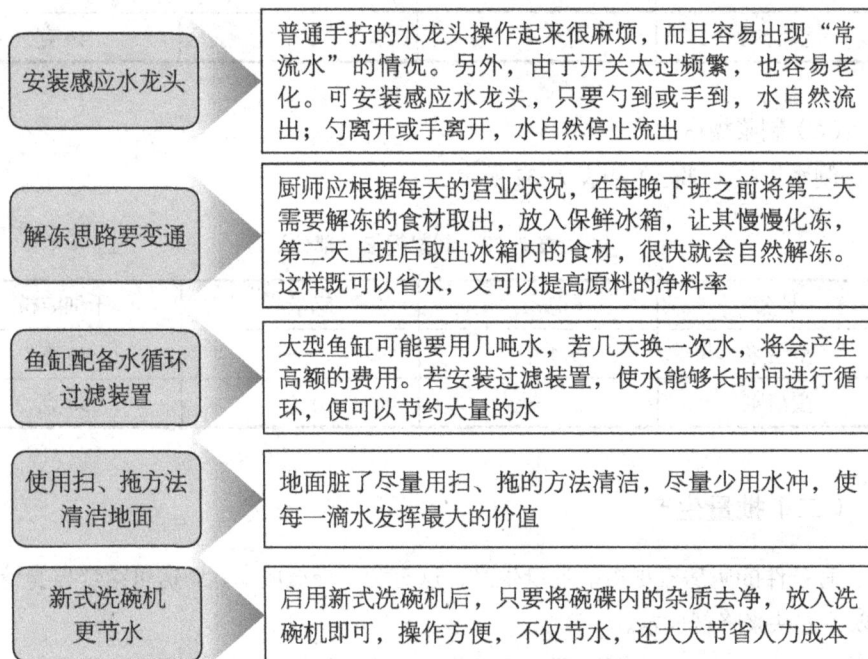

措施	说明
安装感应水龙头	普通手拧的水龙头操作起来很麻烦，而且容易出现"常流水"的情况。另外，由于开关太过频繁，也容易老化。可安装感应水龙头，只要勺到或手到，水自然流出；勺离开或手离开，水自然停止流出
解冻思路要变通	厨师应根据每天的营业状况，在每晚下班之前将第二天需要解冻的食材取出，放入保鲜冰箱，让其慢慢化冻，第二天上班后取出冰箱内的食材，很快就会自然解冻。这样既可以省水，又可以提高原料的净料率
鱼缸配备水循环过滤装置	大型鱼缸可能要用几吨水，若几天换一次水，将会产生高额的费用。若安装过滤装置，使水能够长时间进行循环，便可以节约大量的水
使用扫、拖方法清洁地面	地面脏了尽量用扫、拖的方法清洁，尽量少用水冲，使每一滴水发挥最大的价值
新式洗碗机更节水	启用新式洗碗机后，只要将碗碟内的杂质去净，放入洗碗机即可，操作方便，不仅节水，还大大节省人力成本

图 7-8　节水措施

（二）电费控制

厨房的电费控制主要从冷库的控制入手。冷藏（冻）库在维持半成品品质方面扮演着极为重要的角色。为维持适当的温度范围，应定期检查这两个系统。

1. 调整控制

合理设定冷藏（冻）库的除霜时间可以节约能源。除霜时间以进货后 2 小时或没有人员进出的时间为宜。相邻除霜时间至少间隔 4 小时，应避开电力需求高峰时段。冷藏库除霜时间为 15 ～ 30 分钟，冷冻库除霜时间为 60 分钟。

2. 开启—关闭控制

大型冷藏（冻）库进货时不要关闭压缩机，因为卸货后再使冷藏（冻）库降温比让机组持续运行花费高。在取货或盘点时，勿让冷藏（冻）库的门开着，空气帘保持在适当位置，不可为了进出方便而将其推到旁边或取下。人员在进出冷藏（冻）库前应做好计划，以减少进出次数。

3. 维护控制

正确维护冷藏（冻）库是降低能源成本最有效率的方法之一，有助于保证冷藏（冻）库流畅运作。

维护冷藏（冻）库需遵行计划保养月历中的保养计划，并牢记以下事项。

（1）每周检查冷藏（冻）库的门垫是否完整。清除尘垢或食物残渣，注意是否有裂缝及损坏情形。同时，需检查冷藏（冻）库门边的加热器是否运行正常，以防结冰。

（2）定期检查冷藏（冻）库的垫圈。

（3）所有冷藏（冻）机组的冷凝器、散热器线圈应保持清洁。若线圈位置近厨房排风口，则易堆积油垢，而油垢易吸附尘土。可使用手电筒检查线圈内部的清洁情况，同时要检查水冷式冷凝器，避免浪费能源。

（4）检查除霜计时器上的时间设定是否正确。

（5）每周检测一次冷藏（冻）库的温度。若温度不符要求，则调整温度，直到符合要求为止。

（三）燃气费用控制

大多数餐厅都是以燃气为燃料来加工食品的。因此，燃料费是一个经常性支出的费用。一般燃气的使用主要发生在厨房，使用者是厨师。因此，餐厅要对厨师用气进行控制，确保厨师合理使用燃气。厨师可采用图 7-9 所示的几项措施来节约用气。

措施一	合理控制火力。在烧水时，火应尽可能大，以火焰不蔓出锅壶底部为宜。在煮饭或烧菜时，在水开后应将火调小并盖上锅盖
措施二	防止空烧。炒菜前要先做好准备工作，以防点火以后手忙脚乱。水烧开后应将火关灭再提开水壶，防止提开水壶后忘记关火。不要点火后才去接水放锅
措施三	发现火焰是黄色的或冒烟时应及时处理，因为此时炉灶的热效率较低。对此，可调整风门，清理炉盘火头上的杂物，检查软管或开关是否正常；检查锅底的位置是否合适，不要使它压在火焰的内焰上；应设法避免穿堂风直吹火焰
措施四	尽可能使用底面较大的锅或壶。因为底面大，火可开得大些，锅或壶的受热面积大，同时炉灶的工作效率也高
措施五	烧热水时尽量利用热水器，因为热水器的热效率大大高于炉灶，用热水器烧热水比用炉灶烧水节约 1/3 的燃气，而且节省时间
措施六	改进烹调方法，改蒸饭为焖饭，改普通锅为高压锅，省时省气

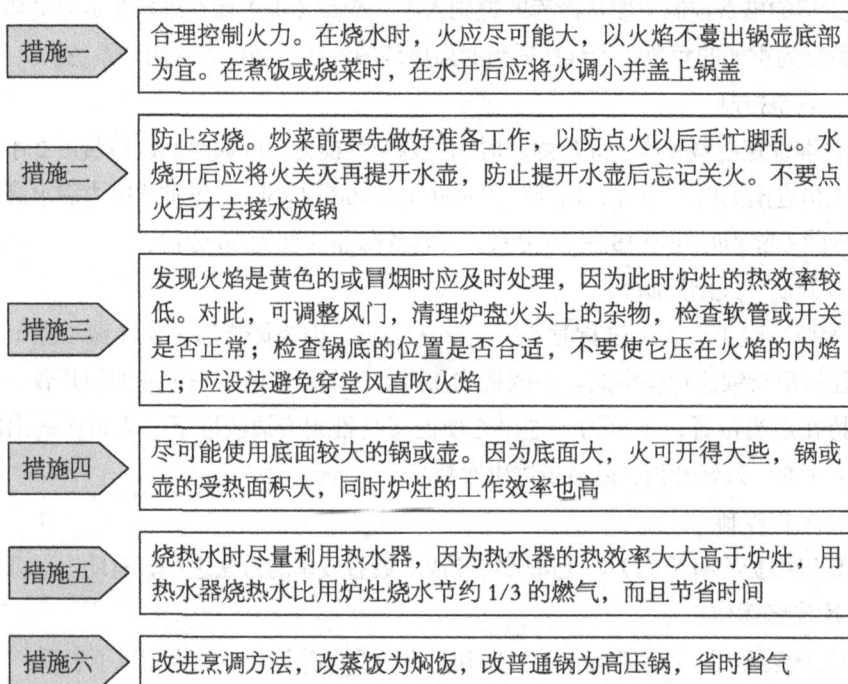

图 7-9　节约用气的措施

细节37：控制食用油成本

餐厅的食用油消耗量比较大，而食用油价格较高，所以工作人员应注意节约食用油。

（一）选择大豆油

餐厅一般应选择大豆油，大豆油含有 23 种人体必需的氨基酸。另外，大豆油的价格比较适中。

（二）热油下锅

有些原料在下锅的时候要注意油温，如茄子、馒头、豆泡、豆腐等。有些厨师在炸豆腐时，油刚热就放豆腐，结果很多油被吸到豆腐里去了，吃的时候油会从豆腐里往外冒。在炸这些原料的时候，油温应高一些。一般油加热到七成热，就可以放原料了。

（三）炒红油

炒红油是一门学问。例如，麻婆豆腐、鱼香肉丝、干烧鱼、回锅肉等菜品都需要红油。

炒红油的时候一定要使用小火，在几秒之内将调料里的红油炒出来。例如，做麻婆豆腐时需加入汤烧，由于油比水轻，出锅时不用兑明油，红油就在上面飘着，这就避免了重新放红油。

因此，在烹调过程中只要方法得当，也可以节约成本。

相关链接

用标准菜谱辅助控制生产成本

标准菜谱以菜谱形式列出用料，规定制作程序，明确装盘形式和容器规格，指明菜品的质量标准及每份菜品的可食用人数、成本、毛利率和售价。

1. 明确标准菜谱的作用

标准菜谱的作用如下。

（1）预示产量。根据标准菜谱中的原料数量，可以测算生产菜品的份数，以便控制成本。

（2）减少督导。厨师通过标准菜谱可以知道每道菜品所需的原料及制作方法，只需遵照执行，这样便可以减少督导。

（3）高效地安排生产。用标准菜谱明确制作菜品的具体步骤和质量要求后，安排工作会变得更高效。

（4）降低劳动成本。按照标准菜谱操作，厨师不需要过多的操作技巧，技术难度相对降低，劳动成本也随之降低。

（5）利用标准菜谱可以随时测算每道菜的成本。

（6）制作程序书面化可避免对个人因素的依赖。

（7）分量标准。按照标准菜谱规定的各项用料标准进行生产制作，可以保证菜品的分量标准化。

（8）减少对存货控制的依赖。通过销售菜品份数与用料标准计算出已用料情况，再扣除部分损耗，便可知库存情况，有利于安排生产和进行成本控制。

2. 标准菜谱的内容

一般来说，标准菜谱的内容如下表所示。

标准菜谱的内容

项目	说明
基本信息	标准菜谱中的基本信息主要包括菜品编号、生产方式、容器规格、烹饪方法等。基本信息虽然不是标准菜谱的主要部分，但却是不可缺少的基本项目，而且必须在设计之初就设定好
标准配料及配料量	菜品的质量好坏和价格高低在很大程度上取决于所用的主料、配料和调料等的种类与数量。标准菜谱在这方面做出了规定，为菜品实现质价相称、物有所值提供了基础
规范烹调程序	规范烹调程序是指全面地规定烹制某一道菜品所用的炉灶、炊具、原料配份方法、投料次序、型坯处理方式、烹调方法、操作要求、烹制温度和时间、装盘造型、点缀装饰等，使烹制菜品质量有可靠保证
烹制份数	标准菜谱对每种菜品等的烹制份数都做了规定，这是以保证菜品质量为出发点的
每份菜品的标准成本	标准菜谱对标准配料及其配料量都有规定，由此可以计算出每份菜品的标准成本。由于原料的市场价格不断变化，每份菜品的标准成本要及时调整
成品质量要求与彩色图片	因为菜品成品质量的有些指标难以量化，如色泽等，所以在设计标准菜谱时应制作一份标准菜品，并插入彩色图片，以便作为成品质量最直观的参照标准
食品原料质量标准	标准菜谱对所有原料的质量都做了规定，如原料的规格、数量、性状、产地、产时、品牌、包装要求、色泽、含水量等，以确保菜品质量达到标准

3. 标准菜谱编制程序

虽然每家餐厅编制标准菜谱的程序各有不同，但是其基本程序却是大体相同的，具体如下表所示。

标准菜谱编制程序

程序	说明
确定主配料及其数量	确定菜品的基调和菜品主要成本。有的菜品只能批量制作，应以分摊的方式测算其主配料的用量，如点心等
规定调料品种	调料的品种、牌号要明确，因为不同厂家、不同牌号的调料质量差别较大，价格差距也较大
根据主配料及调料的用量，计算成本、毛利及售价	随着市场行情的变化，单价、总成本会不断变化，每项核算都必须认真、全面、负责地进行
规定加工制作步骤	将必需的、主要的、易产生歧义的步骤加以统一，规定可用术语，要精练明白
确定容器，落实盘饰用料及式样	根据菜品形态与原料形状确定盛装菜品的餐具的规格、样式、色彩等，并根据餐具的色彩与质地确定盘饰要求
明确产品特点及其质量标准	标准菜谱既是培训、生产制作的依据，又是检查、考核的标准，其质量要求应明确、具体，以保证可行性
填写标准菜谱	将以上内容逐项填写到标准菜谱中，在填写标准菜谱时，要求字迹端正、表达清楚，使员工都能看懂
按标准菜谱培训员工，统一生产出品标准	按标准菜谱的技术要求对各个岗位的员工进行培训，规范作业标准，从根本上统一出品标准

环节 8　后厨卫生管理

饮食卫生对餐厅而言非常重要，餐厅必须向顾客提供安全、卫生的菜品。
餐厅可从图 8-1 所示的几个方面加强后厨卫生管理。

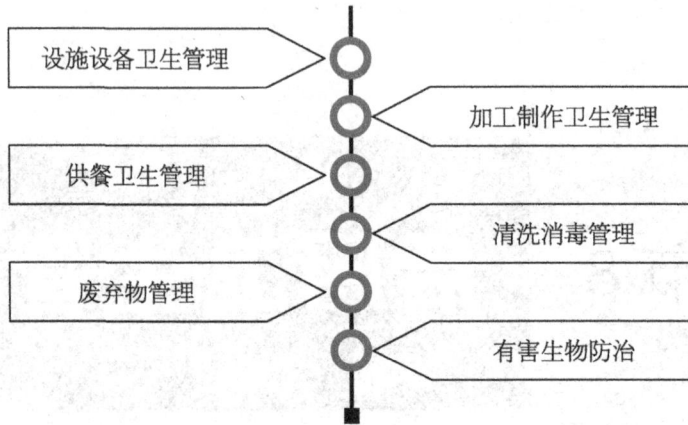

图 8-1 后厨卫生管理

细节38：设施设备卫生管理

餐厅应加强设施设备卫生管理，以达到《餐饮服务食品安全操作规范》的
要求。

（一）供水设施

针对供水设施的相关要求如下。

（1）食品加工制作用水的管道系统应引自生活饮用水主管道，与非饮用水（如
冷却水、污水或废水等）的管道系统完全分离，不得有逆流或相互交接现象。

（2）供水设施中使用的涉及饮用水卫生安全的产品应符合相关规定。

（二）排水设施

针对排水设施的相关要求如下。

（1）排水设施应通畅，便于清洁、维护。

（2）需经常冲洗的场所和排水沟要有一定的排水坡度。排水沟内不得设置其他管路，侧面和底面接合处宜有一定弧度，并设有可拆卸的装置。

（3）排水的流向宜由高清洁操作区流向低清洁操作区，并能防止污水逆流。

（4）排水沟出口应设有符合要求的防止有害生物侵入的装置。

（三）清洗消毒保洁设施

针对清洗消毒保洁设施的相关要求如下。

（1）清洗、消毒、保洁设施设备应放置在专用区域，容量和数量应能满足加工制作和供餐需要。

（2）工具的清洗水池须与食品原料的清洗水池分开（见图 8-2）。采用化学消毒方法的，应设置接触直接入口食品的工具的专用消毒水池。

（3）各类水池应使用不透水材料（如不锈钢、陶瓷等）制成，不易积垢，易于清洁，并以明显标识标明其用途。

（4）应设置存放消毒后餐具的专用保洁设施，标识明显，易于清洁。

图 8-2　清洗水池干净合规、分类明确

（四）个人卫生设施和卫生间

针对个人卫生设施和卫生间的相关要求如表 8-1 所示。

表 8-1　个人卫生设施和卫生间的卫生要求

卫生设施	卫生要求
洗手设施	（1）食品处理区应设置充足的洗手设施，就餐区宜设置洗手设施 （2）洗手池应不透水、易清洁 （3）水龙头宜采用脚踏式、肘动式、感应式等非手触动式开关。宜设置热水器，提供温水 （4）洗手设施附近应配备洗手液（皂）、消毒液、擦手纸、干手器等。从业人员专用洗手设施附近应有洗手方法标识 （5）洗手设施应设有防止逆流、有害生物侵入及臭味产生的排水装置
卫生间	（1）卫生间不得设置在食品处理区内。卫生间出入口不应直对食品处理区，不宜直对就餐区。卫生间与外界直接相通的门能自动关闭 （2）设置独立的排风装置，有照明；与外界直接相通的窗户设有易拆洗、不易生锈的防蝇纱网；墙壁、地面等的材料应不吸水、不易积垢、易清洁；应设置冲水式便池，配备便刷 （3）应在出口附近设置洗手设施 （4）排污管道与食品处理区排水管道分设，应有防臭气水封。排污口位于餐饮服务场所外
更衣区	（1）与食品处理区处于同一建筑物内，宜为独立隔间且位于食品处理区入口处 （2）设有足够大的更衣间、充足的更衣设施（如更衣柜、挂钩、衣架等）

（五）照明设施

针对照明设施的相关要求如下。

（1）食品处理区应有充足的自然采光或人工照明设施，工作面的光照强度不得低于 220 勒克斯，光源不得改变食品的感官颜色。其他场所的光照强度不宜低于 110 勒克斯。

（2）安装在暴露食品正上方的照明灯应有防护装置，避免照明灯爆裂后污染食品。

（3）冷冻（藏）库应使用防爆灯。

（六）通风排烟设施

针对通风排烟设施的相关要求如下。

（1）食品处理区（冷冻库、冷藏库除外）和就餐区应保持空气流通。专间应设立独立的空调设施。空调及通风设施应定期清洁消毒。

（2）产生油烟的设备上方应设置机械排风及油烟过滤装置，过滤器应便于清洁、更换。

（3）产生大量蒸汽的设备上方应设置机械排风排汽装置，并做好凝结水的引泄。

（4）排气口应设有易清洗、耐腐蚀并符合要求的防止有害生物侵入的网罩。

（七）库房及冷冻（藏）设施

针对库房及冷冻（藏）设施的相关要求如下。

（1）根据食品贮存条件设置相应的食品库房或存放场所，必要时设置冷冻库、冷藏库。

（2）冷冻柜、冷藏柜有明显的区分标识。冷冻、冷藏柜（库）应设可正确显示内部温度的温度计，宜设置外显式温度计。

（3）库房应设通风、防潮及防止有害生物侵入的装置。

（4）同一库房内贮存不同类别食品和非食品（如食品包装材料等），应分设存放区域，不同区域有明显的区分标识。

（5）库房内应设置充足的存放架，其结构及位置能使贮存的食品和物品离墙离地，距离地面应在 10 厘米以上，距离墙壁宜在 10 厘米以上。

（6）应设存放清洗消毒工具及洗涤剂、消毒剂等物品的独立隔间或区域。

（八）加工制作设备设施

针对加工制作设备设施的相关要求如下。

（1）根据加工制作食品的需要配备相应的设施、设备、容器、工具等，不得将加工制作食品的设施、设备、容器、工具用于与加工制作食品无关的用途。

（2）设备的摆放位置应便于操作、清洁、维护及减少交叉污染。固定安装的设备设施应安装牢固，与地面、墙壁之间无缝隙，并保留足够的清洁、维护空间。

（3）设备、容器和工具与食品的接触面应平滑、无凹陷或裂缝，便于清洁，防止聚积食品碎屑、污垢等。

细节39：加工制作卫生管理

（一）加工制作基本要求

加工制作基本要求如下。

（1）加工制作的食品品种、数量与场所、设施、设备等相匹配。

（2）在加工制作食品的过程中应采取图 8-3 所示的措施，避免食品受到交叉污染。

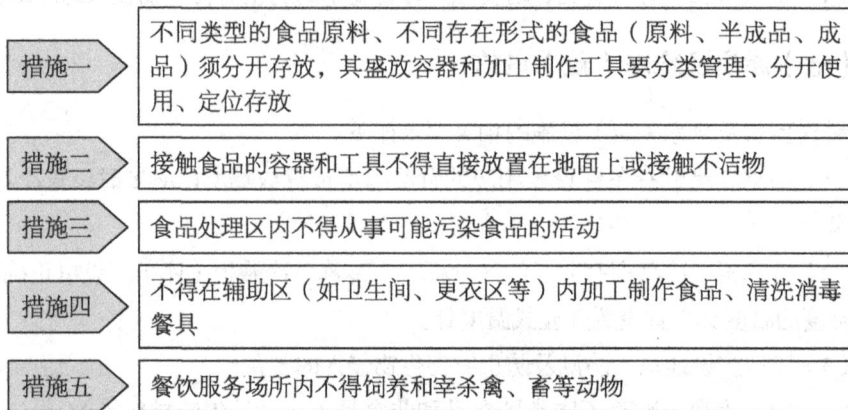

措施一	不同类型的食品原料、不同存在形式的食品（原料、半成品、成品）须分开存放，其盛放容器和加工制作工具要分类管理、分开使用、定位存放
措施二	接触食品的容器和工具不得直接放置在地面上或接触不洁物
措施三	食品处理区内不得从事可能污染食品的活动
措施四	不得在辅助区（如卫生间、更衣区等）内加工制作食品、清洗消毒餐具
措施五	餐饮服务场所内不得饲养和宰杀禽、畜等动物

图 8-3　避免食品受到交叉污染应采取的措施

（3）在加工制作食品的过程中不得存在图 8-4 所示的行为。

行为一	使用非食品原料加工制作食品
行为二	在食品中添加食品添加剂以外的化学物质和其他可能危害人体健康的物质
行为三	使用回收食品作为原料，再次加工制作食品
行为四	使用超过保质期的食品、食品添加剂
行为五	超范围、超限量使用食品添加剂
行为六	使用腐败变质、油脂酸败、霉变生虫、污秽不洁、混有异物、掺假掺杂或感官性状异常的食品、食品添加剂
行为七	使用被包装材料、容器、运输工具等污染的食品、食品添加剂
行为八	使用无标签的预包装食品、食品添加剂
行为九	使用国家为防病等特殊需要明令禁止经营的食品
行为十	在食品中添加药品（按照传统既是食品又是中药材的除外）
行为十一	法律法规禁止的其他行为

图 8-4　加工制作食品过程中不得存在的行为

（4）对于法律法规明令禁止的食品及原料，须拒绝加工制作。

（二）粗加工制作与切配

粗加工制作与切配相关要求如下。

（1）冷冻（藏）食品原料出库后应及时加工制作。冷冻食品原料不宜反复解冻、冷冻。

（2）宜使用冷藏解冻或冷水解冻等方法进行解冻，解冻时做合理防护，避免食品原料受到污染。使用微波解冻方法的，解冻后的食品原料应立即加工制作。

（3）应缩短解冻后的高危易腐食品原料在常温下的存放时间，食品原料的表面温度不宜超过 8℃。

（4）食品原料应洗净后使用。盛放或加工制作不同类型食品原料的工具和容器应分开使用。盛放或加工制作畜肉类原料、禽肉类原料及蛋类原料的工具和容器宜分开使用。

（5）使用禽蛋前应清洗禽蛋的外壳，必要时对外壳消毒。破蛋后，应单独存放在暂存容器内，确认禽蛋未变质后再合并存放。

（6）及时使用或冷冻（藏）贮存切配好的半成品。

（三）成品加工制作

1. 专间内加工制作

专间内加工制作相关要求如下。

（1）专间内的温度不得高于 25℃。

（2）每餐（或每次）使用专间前须对专间空气进行消毒。消毒方法应遵循消毒设施使用说明书要求。使用紫外线灯消毒的，应在无人加工制作时开启紫外线灯 30 分钟以上并做好记录。

（3）由专人加工制作，非专间加工制作人员不得擅自进入专间。进入专间前，加工制作人员须更换专用的工作衣帽并佩戴口罩。加工制作人员在加工制作前须严格清洗、消毒手部，在加工制作过程中应适时清洗、消毒手部。

（4）须使用专用的工具、容器、设备。使用前，使用专用清洗消毒设施进行清洗、消毒并保持清洁。

（5）及时关闭专间的门和食品传递窗口。

（6）蔬菜、水果、生食的海产品等食品原料清洗、处理干净后，方可传递进专间。预包装食品和一次性餐具去除外层包装并保持最小包装清洁后，方可传递进专间。

（7）在专用冷冻或冷藏设备中存放食品时，宜将食品放置在密闭容器内或使用保鲜膜等进行无污染覆盖。

（8）加工制作生食海产品时，在专间外剔除海产品的非食用部分并将其洗净后，方可传递进专间。加工制作时，应避免海产品可食用部分受到污染。加工制作后，应将海产品放置在密闭容器内冷藏保存，或者放置在食用冰中保存并用保鲜膜分隔。放置在食用冰中保存的，加工制作后至食用前的间隔时间不得超过1小时。

（9）加工制作裱花蛋糕时，裱浆和经清洗消毒的新鲜水果应当天加工制作、当天使用。蛋糕胚应存放在专用冷冻或冷藏设备中。打发好的奶油应尽快使用完毕。

（10）加工制作好的成品宜当餐供应。

（11）不得在专间内从事非专间加工制作活动。

2. 专用操作区内加工制作

专用操作区内加工制作相关要求如图8-5所示。

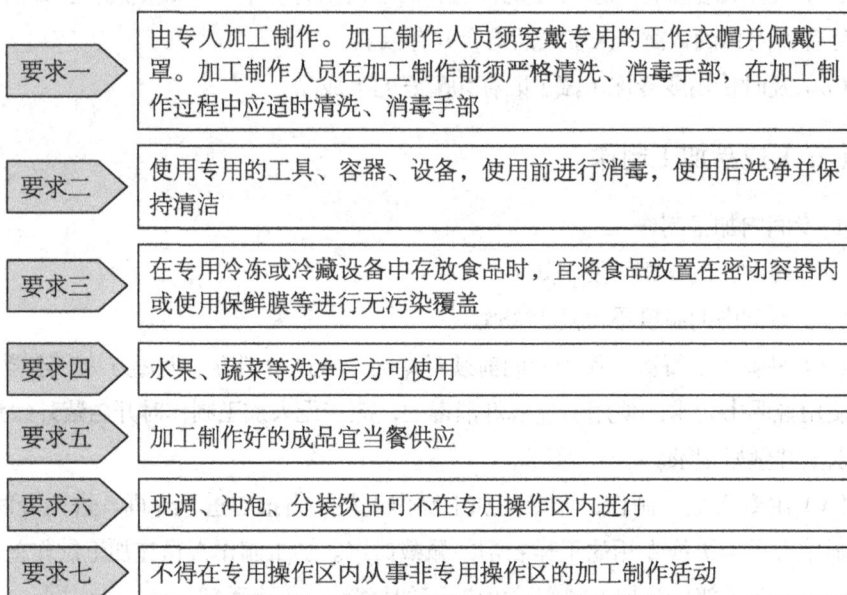

要求一	由专人加工制作。加工制作人员须穿戴专用的工作衣帽并佩戴口罩。加工制作人员在加工制作前须严格清洗、消毒手部，在加工制作过程中应适时清洗、消毒手部
要求二	使用专用的工具、容器、设备，使用前进行消毒，使用后洗净并保持清洁
要求三	在专用冷冻或冷藏设备中存放食品时，宜将食品放置在密闭容器内或使用保鲜膜等进行无污染覆盖
要求四	水果、蔬菜等洗净后方可使用
要求五	加工制作好的成品宜当餐供应
要求六	现调、冲泡、分装饮品可不在专用操作区内进行
要求七	不得在专用操作区内从事非专用操作区的加工制作活动

图8-5 专用操作区内加工制作的要求

3. 烹饪区内加工制作

烹饪区内加工制作相关要求如下。

（1）烹饪食品的温度和时间须保证食品安全。

（2）需要烧熟煮透的食品，加工制作时食品的中心温度应达到70℃以上。对于采用特殊加工制作工艺、中心温度低于 70℃的食品，须严格控制原料质量安全状态，确保食品安全。餐厅在售卖食品时须进行消费提示。

（3）盛放调味料的容器须保持清洁，使用后加盖存放，宜标注预包装调味料标签上标注的生产日期、保质期等内容及开封日期。

（4）采用有效的设备或方法，避免或减少食品在烹饪过程中产生有害物质。

不同食品的加工制作要求有所不同，具体如表 8-2 所示。

表 8-2　烹饪区内加工制作要求

食品类别	加工制作要求
油炸类食品	（1）选择热稳定性好、适合油炸的食用油脂 （2）与炸油直接接触的设备、工具内表面应为耐腐蚀、耐高温的材质（如不锈钢等），易清洁、维护 （3）油炸食品前，应尽可能减少食品表面的多余水分。油炸食品时，油温不宜超过 190℃。油量不足时，应及时添加新油。定期过滤在用油，去除食物残渣。定期拆卸油炸设备，进行清洁、维护
烧烤类食品	（1）烧烤场所应设置良好的排烟系统 （2）烤制食品的温度和时间应能使食品被烤熟 （3）烤制食品时应避免食品直接接触火焰或烤制温度过高，减少有害物质的产生
火锅类食品	（1）不得重复使用火锅底料 （2）若使用醇基燃料（如酒精等），须在没有明火的情况下添加燃料。使用炭火或煤气时须保证通风良好，防止一氧化碳中毒
糕点类食品	（1）使用烘焙包装用纸时应考虑颜色迁移，并控制迁移量，不得使用含有荧光增白剂的烘烤纸 （2）使用自制蛋液的，应冷藏保存蛋液，防止蛋液变质
自制饮品	（1）加工制作现榨果蔬汁、食用冰等的用水，应为预包装饮用水、使用符合相关规定的水净化设备或设施处理后的直饮水、煮沸冷却后的生活饮用水 （2）自制饮品所用的原料乳，宜为预包装乳制品 （3）煮沸生豆浆时，应将上涌泡沫除净，煮沸后保持沸腾状态 5 分钟以上

（四）食品添加剂使用

食品添加剂使用应按以下要求操作。

（1）使用食品添加剂的，应在技术上确有必要，并在达到预期效果的前提下尽可能降低使用量。

（2）按照《食品安全国家标准 食品添加剂使用标准》（GB 2760—2014）规定的品种、使用范围、使用量使用食品添加剂。不得采购、贮存、使用亚硝酸盐（包括亚硝酸钠、亚硝酸钾）。

（3）专柜（位）存放食品添加剂，并标注"食品添加剂"字样。使用容器盛放拆包后的食品添加剂的，应在盛放容器上标明食品添加剂名称，并保留原包装。

（4）设立专册记录食品添加剂的名称、生产日期或批号，以及添加食品添加剂的食品品种、添加量、添加时间、操作人员等信息，《食品安全国家标准 食品添加剂使用标准》规定按生产需要适量使用的食品添加剂除外。使用有"最大使用量"相关规定的食品添加剂时须精准称量使用。

（五）食品相关产品使用

食品相关产品使用应按以下要求进行。

（1）各类工具和容器应有明显的区分标识，可使用颜色、材料、形状、文字等进行区分。

（2）工具、容器和设备宜使用不锈钢材料，不宜使用木质材料。必须使用木质材料时，应避免对食品造成污染。盛放热食类食品的容器不宜使用塑料材料。

（3）添加邻苯二甲酸酯类物质制成的塑料制品，不得盛装、接触油脂类食品和乙醇含量高于20%的食品。

（4）不得重复使用一次性用品。

（六）高危易腐食品冷却

高危易腐食品冷却应按以下要求进行。

（1）需要冷冻（藏）的熟制半成品或成品应在熟制后立即冷却。

（2）在清洁操作区内进行熟制成品的冷却，并在盛放容器上标注加工制作时间等。

（3）冷却时，可采用将食品切成小块、搅拌、冷水浴等措施或使用专用速冷设备，使食品的中心温度在2小时内从60℃降至21℃，再经2小时或更短时间降至8℃。

（七）食品再加热

食品再加热应按以下要求进行。

（1）高危易腐食品熟制后，在8℃～60℃的温度下存放2小时以上且未发生感官性状变化的，食用前应进行再加热。

（2）再加热时，食品的中心温度应达到70℃以上。

细节40：供餐卫生管理

（一）堂食供餐管理

餐厅堂食供餐管理相关要求如下。

（1）分派菜品、整理造型的工具使用前须清洗消毒。

（2）加工制作围边、盘花等的材料须符合食品安全要求，使用前须清洗消毒。

（3）烹饪后至食用前需较长时间（超过2小时）存放的高危易腐食品，应在高于60℃或低于8℃的环境中存放。在8℃～60℃的温度下存放超过2小时且未发生感官性状变化的，加热后方可供餐。

（4）按照标签标注的温度等条件供应预包装食品。食品的温度一般不得超过标签标注的温度加3℃。

（5）在供餐过程中应对食品采取有效的防护措施，避免食品受到污染。使用传递设施（如升降笼、食梯、滑道等）的，应保持传递设施清洁。

（6）在供餐过程中，应使用清洁的托盘等工具，避免从业人员的手部直接接触食品（预包装食品除外）。

（二）外卖供餐管理

餐厅外卖供餐管理相关要求如下。

（1）使用符合食品安全规定的容器、包装材料盛放食品，避免食品受到污染。

（2）从烧熟至食用的间隔时间（食用时限）应符合以下要求：烧熟后2小时，食品的中心温度保持在60℃以上（热藏）的，其食用时限为烧熟后4小时。

（3）在食品盛放容器或包装上标注食品加工制作时间和食用时限，并提醒顾客尽快食用。

（4）宜对食品盛放容器或包装进行封签（见图8-6）。

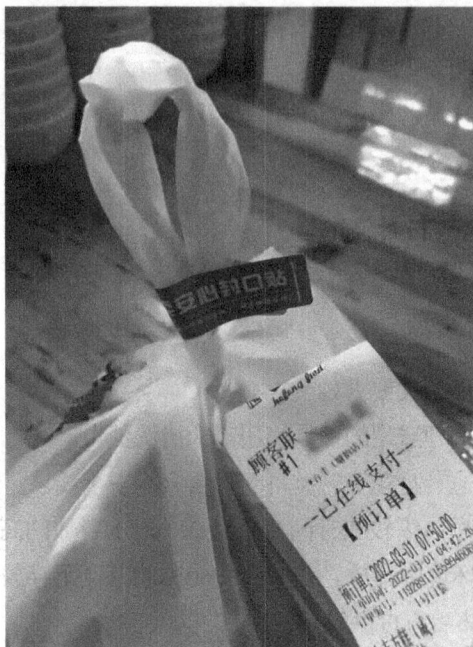

图 8-6　外卖包装封签

（5）使用一次性容器、餐具的，应选用符合食品安全要求的材料制成的容器、餐具，宜采用可降解材料制成的容器、餐具。

细节41：清洗消毒管理

（一）餐具清洗消毒

餐具清洗消毒的相关要求如下。

（1）餐具使用后应及时洗净，餐具、盛放或接触直接入口食品的容器和工具使用前须消毒（见图 8-7）。

（2）宜采用蒸汽等物理方法消毒，因材料、大小等原因无法采用的除外。

（3）餐具消毒设备（如自动消毒碗柜等）应连接电源，确保正常运转。定期检查餐具消毒设备的运行状态。采用化学消毒方法的，消毒液应现配现用，并定时测量消毒液的浓度。

（4）从业人员佩戴手套清洗消毒餐具的，接触消毒后的餐具前须更换手套。手套宜用颜色加以区分。

图 8-7　将洗好的碗放入消毒柜消毒

（5）消毒后的餐具、盛放或接触直接入口食品的容器和工具须符合《食品安全国家标准消毒餐（饮）具》（GB 14934—2016）的规定。

（6）宜沥干、烘干清洗消毒后的餐具。使用抹布擦干的，抹布应为专用，经清洗消毒后方可使用。

（7）不得重复使用一次性餐具。

（二）餐具保洁

餐具保洁的相关要求如下。

（1）消毒后的餐具、盛放或接触直接入口食品的容器和工具应定位存放在专用的密闭保洁设施内（见图 8-8），保持清洁。

（2）保洁设施应正常运转，有明显的标识。

（3）定期清洁保洁设施，防止清洗消毒后的餐具受到污染。

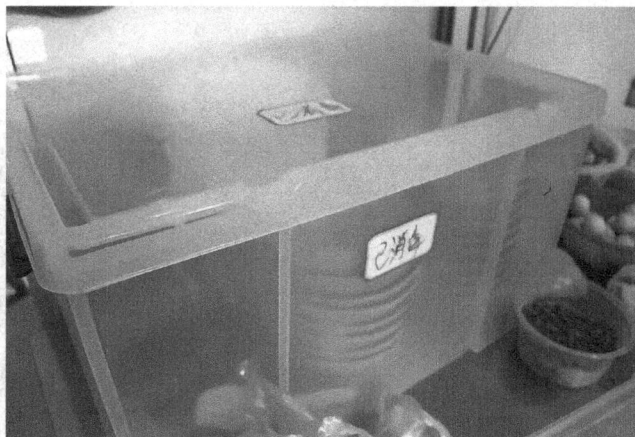

图 8-8　已消毒的餐具放入专用保洁箱

（三）洗涤剂和消毒剂

针对洗涤剂和消毒剂的相关要求如下。

（1）使用的洗涤剂、消毒剂应分别符合《食品安全国家标准 洗涤剂》（GB 14930.1—2022）和《食品安全国家标准 消毒剂》（GB 14930.2—2022）等食品安全国家标准和有关规定。

（2）严格按照洗涤剂、消毒剂的使用说明进行操作。

细节42：废弃物管理

及时、正确处理餐厅内的各类废弃物是保证环境卫生的重要工作。

（一）废弃物存放容器与设施

针对废弃物存放容器与设施的相关要求如下。

（1）食品处理区内可能产生废弃物的区域应设置废弃物存放容器。废弃物存放容器与食品加工制作容器应有明显的区分标识。

（2）废弃物存放容器应配有盖子（见图 8-9），防止有害生物侵入、不良气味或污水溢出，防止污染食品、水源、地面、食品接触面（包括接触食品的工作台面、工具、容器、包装材料等）。废弃物存放容器应内壁光滑、易于清洁。

（3）在餐厅外适宜地点设置结构密闭的废弃物临时集中存放设施。

图 8-9　加盖垃圾桶

（二）废弃物处置

废弃物处置的相关要求如下。

（1）餐厨废弃物应分类放置、及时清理，不得溢出存放容器。餐厨废弃物的存放容器应及时清洁，必要时进行消毒。

（2）应索取并留存餐厨废弃物收运方的资质证明复印件（需加盖收运方公章或由收运方签字），并与其签订收运合同，明确各自的食品安全责任和义务。

（3）应建立餐厨废弃物处置台账，详细记录餐厨废弃物的处置时间、种类、数量、收运方等信息。

细节43：有害生物防治

苍蝇、蟑螂、老鼠等有害生物会传播细菌、病毒，污染食物、炊具、餐具，杜绝病媒生物是保证环境卫生的重要工作。

（一）防治基本要求

有害生物防治的基本要求如下。

（1）有害生物防治应遵循"物理防治优先，化学防治有条件使用"的原则，保障食品安全和人身安全。

（2）餐厅的墙壁、地板无缝隙，天花板修葺完整。所有管道（供水、排水、供热、燃气、空调等）与外界或天花板连接处应封闭，所有因管、线穿越而产生的孔洞应选用水泥、不锈钢隔板、钢丝封堵材料、防火泥等封堵，孔洞填充牢固，无缝隙。应使用水封式地漏。

（3）所有线槽、配电箱（柜）封闭良好。

（4）人员、货物进出通道应设有挡鼠板（见图8-10），门的缝隙应小于6毫米。

图8-10　通道设置挡鼠板

（二）设施设备的使用与维护

防治有害生物的设施设备应正确使用与维护，具体如表 8-3 所示。

表 8-3　防治有害生物设施设备的使用与维护

设施设备	具体要求
灭蝇灯	（1）食品处理区、就餐区宜安装黏捕式灭蝇灯。使用电击式灭蝇灯的，灭蝇灯不得悬挂在食品加工制作或贮存区域上方，防止电击产生的虫害碎屑污染食品 （2）根据餐厅的布局、面积及灭蝇灯使用技术要求，确定灭蝇灯的安装位置和数量
鼠类诱捕设施	（1）餐厅内应使用粘鼠板、捕鼠笼、机械式捕鼠器等装置，不得使用杀鼠剂 （2）餐厅外可使用抗干预型鼠饵站，鼠饵站和鼠饵须固定安装
排水管道出水口	排水管道出水口安装的箅子宜使用金属材料制成，箅子缝隙间距或网眼应小于 10 毫米
通风口	与外界直接相通的通风口、换气窗外应加装不小于 16 目的防虫筛网
防蝇帘及风幕机	（1）使用防蝇胶帘的，防蝇胶帘应覆盖整个门框，底部离地距离小于 2 厘米，相邻胶帘条的重叠部分不少于 2 厘米 （2）使用风幕机的，风幕应完整覆盖出入通道

厨房使用的灭蝇灯如图 8-11 所示。

图 8-11　厨房安装灭蝇灯

（三）防治过程要求

有害生物防治的相关要求如下。

（1）收取货物时，应检查运输工具和货物包装是否存在有害生物活动迹象（如鼠粪、鼠咬痕等鼠迹，蟑尸、蟑粪、卵鞘等蟑迹），防止有害生物入侵。

（2）定期检查食品库房或食品贮存区域、固定设施设备背面及其他阴暗、潮湿区域是否存在有害生物活动迹象。若发现有害生物，应尽快将其杀灭，并查找和消除其来源途径。

（3）在防治过程中应采取有效措施，防止食品、食品接触面及包装材料等受到污染。

（四）杀虫剂和杀鼠剂的管理要求

卫生杀虫剂和杀鼠剂的管理要求如表 8-4 所示。

表 8-4　卫生杀虫剂和杀鼠剂的管理要求

管理要求	说明
杀虫剂和杀鼠剂的选择	（1）杀虫剂和杀鼠剂须标签信息齐全（农药登记证、农药生产许可证、农药标准）并在有效期内。不得将不同的杀虫剂混配 （2）应使用低毒或微毒的杀虫剂和杀鼠剂
杀虫剂和杀鼠剂的使用	（1）使用杀虫剂和杀鼠剂的人员须经过有害生物防治专业培训 （2）针对不同的作业环境，选择适宜的种类和剂型，严格根据杀虫剂和杀鼠剂的技术要求确定使用剂量和位置，并设置警示标识
杀虫剂和杀鼠剂的存放	不得在食品处理区和就餐场所存放杀虫剂和杀鼠剂。须设置单独、固定的杀虫剂和杀鼠剂产品存放场所，存放场所应具备防火、防盗、通风条件，由专人负责

环节 9　后厨安全管理

开展安全管理的目的是保护员工和设备，防止伤亡事故和设备事故发生，实现安全生产，提升工作品质。安全管理仅靠喊口号和宣传理念是远远不够的，必须采取具体措施（见图 9-1）。

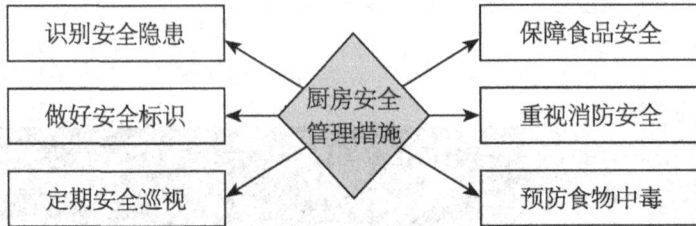

图 9-1　厨房安全管理措施

细节44：识别安全隐患

安全隐患是指因违反安全生产法律、法规、规章、标准、规程及安全生产管理制度而可能导致安全事故发生的人的不安全行为、物的危险状态、场所的不安全因素和管理上的缺陷。

识别安全隐患是安全管理的重要内容。

（一）安全隐患的发现途径和方式

安全隐患的发现途径如图 9-2 所示。

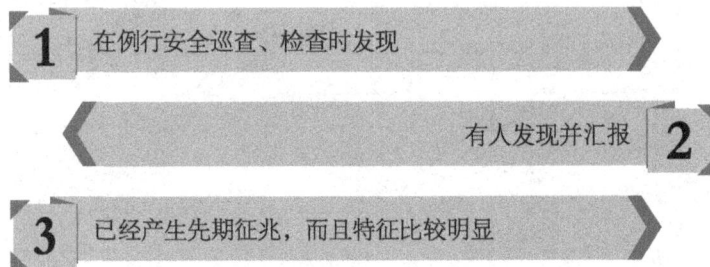

1 在例行安全巡查、检查时发现

有人发现并汇报 **2**

3 已经产生先期征兆，而且特征比较明显

图 9-2　安全隐患的发现途径

餐厅要想做好安全隐患识别工作，就要先把现场工作的每一步列出来，然后分

析每一步是否可能造成安全隐患；接下来详细分析针对每一步应该使用安全设备还是采取辅助措施，分别列出使用各种设备或采取各种措施可能产生的情况。

为了提高工作效率，餐厅可制作表 9-1 所示的厨房安全隐患排查记录表。

表 9-1 厨房安全隐患排查记录表

项目	检查内容	检查情况	检查结论	备注
厨房安全管理	厨房相关岗位职责是否明确，岗位职责是否上墙			
	厨房相关工作制度是否建立，工作制度是否上墙			
	厨房工作人员是否签订卫生安全责任书			
	是否制定各类安全事故应急预案，是否对厨房工作人员开展应急预案培训			
	厨房工作人员是否经过安全教育培训			
	是否定期安排厨房工作人员进行体检			
厨房硬件设施	厨房面积是否满足供餐需要			
	地面、排水沟、墙壁、天花板、门窗是否符合食品卫生安全要求			
	加工设备、冷藏、冷冻设施数量是否满足加工需求，设备运行是否良好			
	各功能间、清洗池、工器具标识是否完整清楚且按标识使用			
	更衣、洗手消毒、空气消毒、空调、冷藏等设施是否正常运转			
	粗加工场所是否有 3 个以上水池，荤素食品是否分池清洗			
厨房卫生	是否定期对厨房进行清洗、消毒以保持环境良好、无污垢			
	是否有消除老鼠、蟑螂、苍蝇和其他有害生物的防护措施			
	"三防"措施是否到位			
	垃圾是否日产日清，是否分类处置			

（续表）

项目	检查内容	检查情况	检查结论	备注
个人卫生	厨房工作人员是否穿戴整洁、戴口罩			
	厨房工作人员是否存在留长指甲、涂指甲油等情况			
	厨房工作人员是否勤洗手			
食品安全	库存食品是否分类存放、标识清楚			
	食品是否离墙、离地			
	食品库房是否脏乱			
	食品是否存在变质、腐烂现象			
	食品、原料是否过期			
	是否存在国家禁止使用或来源不明的食品及原料、食品添加剂及食品相关产品			
加工制作	是否使用超过有效期或变质的食品			
	成品、半成品、原料的加工及存放是否存在交叉污染			
	熟食存放是否符合卫生要求			
	餐具、食品或已盛装食品的容器是否做到不直接置于地下			
清洁消毒	是否配备有效的、能满足供餐需要的消毒和保洁设施			
	是否有消毒碗柜			
	餐具清洗消毒是否彻底			
	使用的清洁剂、消毒剂是否符合卫生要求，消毒过程是否符合操作规范要求			
	餐具是否有消毒记录			
留样	留样设备及留样设备运作情况是否正常			
	留样设备是否与其他设备混用，是否双人双锁			
	是否按规定每餐进行留样			
	是否按要求进行留样			
	留样记录是否完整			

（二）安全隐患排查和治理制度

餐厅应制定安全隐患排查和治理制度并做好以下工作。

（1）认真执行餐饮行业的相关安全法律法规，确保权责分明。

（2）落实每周安全检查、每两小时巡查制度，做好记录。

（3）厨房每日营业前后检查燃气、电器等是否有故障。

（4）各部门（如人事、行政、财务等）、各区域（如粗加工间、切配间、凉菜间、面点间、厨房、食材仓库等）加大检查和巡查力度。

（5）巡查人员对各个场所的用火用电部位、安全出口、疏散通道、应急疏散标识、防火门、消防设施、消防应急标识、消防安全重点部位人员在岗情况进行重点排查。

（6）认真分析研究餐厅容易发生安全事故的地点、设施设备，明确安全事故隐患排查的重点。

（7）对于容易发生安全事故的部门、部位和设备设施，要加大管理力度，明确责任人，并制定完善的防范和应急措施。

（8）建立安全事故追究制度，各级安全负责人不得以任何理由不排查容易发生安全事故的部门、部位和设施设备，若因此造成事故，将追究相关人员的责任，并按相关制度予以处罚，造成重大损失的还将依法追究其法律责任。

细节45：做好安全标识

在安全管理中，能用标识处理好的事情就尽量用标识处理，因为标识既简单又成本低。

比如，醒目处的"小心地滑""注意烫伤"等标识能够有效地提醒现场工作人员注意危险。如果现场没有相应的标识，一些不了解现场的人员就可能因忙乱而发生安全事故。

安全标识是由安全色、边框和以图像为主要特征的图形符号或文字构成的标识，可以传达特定的安全信息。

安全标识分为禁止标识、警告标识、命令标识和提示标识四大类。

（一）禁止标识

禁止标识用于禁止或制止人们做某种动作。禁止标识的基本形式是带斜杠的圆形，其常用颜色如表 9-2 所示。

表 9-2　禁止标识的常用颜色

部位	颜色
带斜杠的圆形	红色
图形符号	黑色
背景	白色

常见的禁止标识如图 9-3 所示。

图 9-3　常见的禁止标识

（二）警告标识

警告标识用于提醒人们防范可能发生的危险。警告标识的基本形式是正三角形，其常用颜色如表 9-3 所示。

表 9-3　警告标识的常用颜色

部位	颜色
正三角形、图形符号	黑色
背景	黄色

常见的警告标识如图 9-4 所示。

图 9-4　常见的警告标识

（三）命令标识

命令标识用于提醒人员必须遵守规定。命令标识的基本形式是圆形，其常用颜色如表 9-4 所示。

表 9-4　命令标识的常用颜色

部位	颜色
图形符号	白色
背景	蓝色

常见的命令标识如图 9-5 所示。

图 9-5　常见的命令标识

（四）提示标识

提示标识用于提示目标所在位置及方向。提示标识的基本形式是矩形，其常用颜色如表 9-5 所示。

表 9-5　提示标识的常用颜色

部位	颜色
图形符号、文字	白色
背景	一般的提示标识用绿色，消防设备的提示标识用红色

常见的标识如图 9-6 至图 9-11 所示。

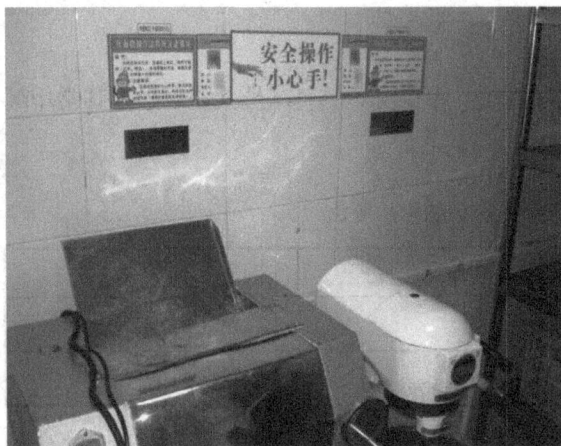

图 9-6　安全操作标识

图 9-7　小心触电及责任人标识

图 9-8　危险标识

图 9-9　灶台点火禁止离人标识

图 9-10　小心触电及操作提示标识

图 9-11　配电柜危险标识

小提示

　　在安全管理中，仅靠标识并不能消除所有的安全隐患，企业必须制订消除安全隐患的计划。优秀的餐厅往往十分重视安全问题，每年都会根据计划拨付相应的经费，专门用于消除安全隐患。

细节46：定期安全巡视

　　餐厅应安排专人做好安全巡视和检查，在检查时必须做到责任落实到人，可实行奖罚制度，厨房所有员工须严格执行。

（一）厨房用水安全检查

（1）厨房水管、水压是否正常。

（2）楼层地面是否做过防水。

（3）厨房消防设施能否正常使用。

（4）每个水阀的控制情况。

（5）闭店后各处水阀是否正常关闭。

（二）厨房用电安全检查

（1）厨房总闸、分闸的控制情况。

（2）厨房电器旁边是否有使用和安全防范说明。

（3）闭店后，除冰箱正常运行外，其他设施设备是否关闭。

（三）厨房用气安全检查

（1）炉灶使用步骤是否正确。

（2）炉灶在正常运作时员工是否离岗。

（3）闭店后所有气阀是否关闭。

小提示　　餐厅应建立安全巡视制度，及时、全面地发现生产现场的安全问题，从而实现"无不安全的设备、无不安全的操作、无不安全的场所"的目标。

细节47：保障食品安全

食品安全是指食品无毒无害、符合营养要求，不对人体健康造成任何危害。保障食品安全是餐厅的法律责任。保障食品安全的措施如图 9-12 所示。

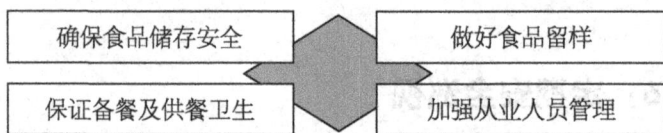

| 确保食品储存安全 | 做好食品留样 |
| 保证备餐及供餐卫生 | 加强从业人员管理 |

图 9-12　保障食品安全的措施

（一）确保食品储存安全

（1）食材与非食材分库存放，或者设置专门区域存放，不与有毒有害物品同库存放。

（2）设立专门的食材仓库，建立防鼠、防蝇、防潮、防霉、通风设施并确保其正常运转。

（3）食材分类、分架、隔墙、隔地存放。各类食材有明显标识，易腐食材及时冷藏（冻）保存。

（4）散装食材的容器、外包装上应标明食材的名称、生产日期、保质期、生产经营者名称及联系方式等信息。

（5）建立食材进出库专人验收登记制度，定期检查（见图 9-13），防止食材过期、变质、霉变、生虫，及时清理不符合安全要求的食材。

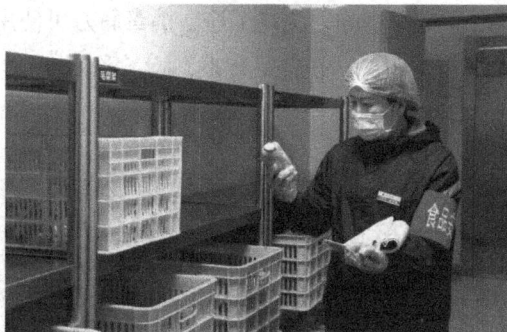

图 9-13　食品安全员对食材进行安全检查

（6）食材仓库应经常开窗通风、定期清扫，保持干燥、整洁。

（7）注意储存环境的温度和相对湿度，温度、相对湿度应当符合以下要求。

① 干货储存：温度保持在 10℃ ~ 21℃，相对湿度保持在 50% ~ 60%。

② 冷藏储存：温度保持在 5℃ 或更低，相对湿度保持在 80% ~ 90%。

③ 冷冻储存：温度保持在 −18℃ 或更低。

（二）保证备餐及供餐卫生

（1）备餐工作应在专间内进行。操作人员进入专间前须更换洁净的工作衣帽，并将手洗净、消毒，工作时须戴口罩。

（2）非操作人员不得擅自进入专间。操作人员不得在专间内从事与备餐无关的活动。

（3）每餐（或每次）使用专间前，操作人员须对空气和操作台进行消毒。若使用紫外线灯消毒，应在无人工作时开启 30 分钟以上。

（4）备餐须使用专用的工具、容器，使用前须消毒，使用后须洗净并保持清洁。菜品分派、造型整理用具须消毒。进行此类操作时须避免食品受到污染。

（5）操作人员应认真检查待供应的食品，一旦发现性状异常，须立即停止供应。

（6）用于菜品装饰的原料在使用前须洗净、消毒，不得反复使用。

（7）专间及出菜通道要保持洁净，不得在通道中堆放任何杂物。上菜通道须与餐具回收通道隔开，上菜时菜品须加盖保洁。专间只能存放直接入口食品及必需的食具、工具。分碟小菜、调料须存放于专用柜内。

（三）做好食品留样

（1）为确保食品安全，餐厅须指定专人负责留样。

（2）留样的容器必须是专用的，洗刷干净、消毒后方可使用。

（3）留样的专用冰箱须保持洁净并且定期消毒（见图9-14）。留样食品应摆放整齐，按早、午、晚的餐次分开。

图9-14　专用食品留样冰箱

（4）每餐留样的每种食品不少于200克。

（5）取样后立即将食品存放在经清洗消毒的专用留样盒内，以免被污染。

（6）留样人员应做好记录（见图9-15）。留样食品冷却后，由专人在留样盒外部贴上标签，标明留样日期、时间、品名、餐次、留样人姓名（见图9-16）。

（7）留样食品须在冷藏条件下保存48小时，确定顾客进餐后无异常方可处理留样食品；若有异常，须立即封存留样食品并送相关部门检验。

（8）食品留样冰箱须为专用冰箱，严禁存放与留样食品无关的物品。

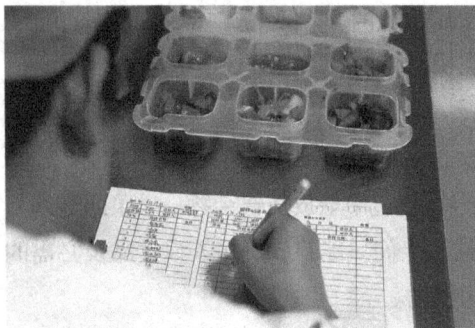

图9-15　做好食品留样记录

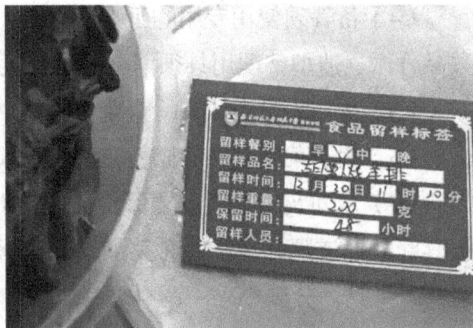

图9-16　食品留样标签

（四）加强从业人员管理

餐饮业中近 80% 的食物中毒事件与员工的个人卫生习惯、卫生责任心有关。为了保障食品安全，餐厅务必要做好从业人员的管理。

1. 健康管理

对从业人员的健康管理要求如下。

（1）从事接触直接入口食品工作（清洁操作区内的加工制作及切菜、配菜、烹饪、传菜、餐具清洗消毒）的从业人员（包括新参加和临时参加工作的从业人员）取得健康证明（见图 9-17）后方可上岗，须每年进行健康检查并取得健康证明，必要时应进行临时健康检查。

（2）食品安全管理人员应每天对从业人员上岗前的健康状况进行检查。患有发热、腹泻、咽部炎症等病症及皮肤有伤口或感染的从业

图 9-17　健康证明

人员，应主动向食品安全管理人员等报告，暂停从事接触直接入口食品的工作，必要时进行临时健康检查，查明原因并将有碍食品安全的疾病治愈后方可重新上岗。

（3）手部有伤口的从业人员使用的创可贴应颜色鲜明，并及时更换。佩戴一次性手套后，可从事非接触直接入口食品的工作。

（4）患有霍乱、细菌性和阿米巴性痢疾、伤寒和副伤寒、病毒性肝炎（甲型、戊型）、活动性肺结核、化脓性或渗出性皮肤病等卫生行政部门规定的有碍食品安全疾病的人员，不得从事接触直接入口食品的工作。

2. 培训及考核

餐厅应每年对从业人员进行一次食品安全培训及考核，特定餐饮服务提供者应每半年对从业人员进行一次食品安全培训及考核。

（1）培训及考核内容为关于食品安全的法律法规知识、基础知识及本单位的食品安全管理制度、加工制作规程等。

（2）培训可采用专题讲座、实际操作、现场演示等方式。考核可采用询问、观察实际操作、答题等方式。

（3）及时评估培训效果，完善内容并改进方式。

（4）从业人员接受食品安全培训并考核合格后方可上岗。

3. 人员卫生

从业人员应保持良好的个人卫生，具体要求如下。

（1）从业人员不得留长指甲、涂指甲油。工作时应穿清洁的工作服，不得披散头发，佩戴的手表、手镯、手链、手串、戒指、耳环等饰物不得外露。

（2）食品处理区内的从业人员不宜化妆，应戴清洁的工作帽，工作帽应能将头发全部遮盖住。

（3）进入食品处理区的非加工制作人员应符合从业人员卫生要求。

（4）专间的从业人员应佩戴清洁的口罩。

（5）专用操作区内从事以下活动的从业人员应佩戴清洁的口罩：

① 现榨果蔬汁加工制作；

② 果蔬拼盘加工制作；

③ 植物性冷食类食品（不含非发酵豆制品）加工制作；

④ 对预包装食品进行拆封、装盘、调味等简单加工制作后即供应的；

⑤ 供消费者直接食用的调味料调制；

⑥ 备餐。

（6）专用操作区内从事其他加工制作的从业人员应佩戴清洁的口罩。

（7）其他接触直接入口食品的从业人员应佩戴清洁的口罩。

（8）若佩戴手套，佩戴前应对手部进行清洗消毒。手套应清洁、无破损，符合食品安全要求。接触消毒后的餐具前应更换手套。手套应存放在清洁卫生的地方，避免受到污染。

4. 手部清洗消毒

手部清洗消毒应达到以下要求。

（1）从业人员在加工制作食品前，应按照《餐饮服务从业人员洗手消毒方法》进行手部清洗消毒。

（2）在加工制作过程中应保持手部清洁。当出现图 9-18 所示的情形时，应重新洗净手部。

情形一	加工制作不同存在形式的食品前
情形二	清理环境卫生、接触化学物品或不洁物品（落地的食品、受到污染的工具、容器及设备、餐厨废弃物、钱币、手机等）后
情形三	咳嗽、打喷嚏及擤鼻涕后

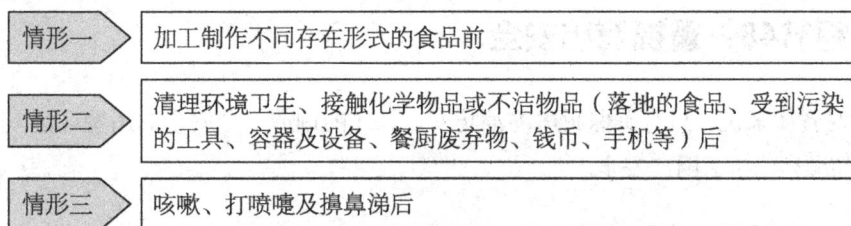

图 9-18　应重新洗净手部的情形

（3）进行完使用卫生间、用餐、饮水、吸烟等可能会污染手部的活动后，应重新洗净手部。

（4）加工制作不同类型的食品原料前应重新洗净手部。

（5）从事接触直接入口食品工作的从业人员，加工制作食品前应洗净手部并进行手部消毒。手部清洗消毒应符合《餐饮服务从业人员洗手消毒方法》。加工制作过程中，应保持手部清洁。当出现图 9-19 所示的情形时，应重新洗净手部并消毒。

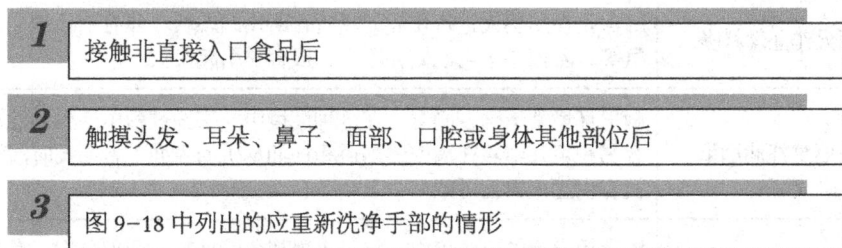

1	接触非直接入口食品后
2	触摸头发、耳朵、鼻子、面部、口腔或身体其他部位后
3	图 9-18 中列出的应重新洗净手部的情形

图 9-19　应重新洗净手部并消毒的情形

5. 工作服

对于从业人员的工作服，应按以下要求进行管理。

（1）工作服宜为白色或浅色，应定点存放，定期清洗更换。从事接触直接入口食品工作的从业人员的工作服宜每天清洗更换。

（2）食品处理区内加工制作食品的从业人员使用卫生间前应更换工作服。

（3）工作服受到污染后应及时更换。

（4）待清洗的工作服不得存放在食品处理区。

（5）清洁操作区与其他操作区从业人员的工作服应通过明显的颜色或标识加以区分。

（6）专间内从业人员离开专间时应脱去专间专用工作服。

细节48：重视消防安全

对餐厅来说，只有确保厨房的消防安全，才能创造一个安全的用餐环境，保证员工和顾客的生命财产安全。

（一）厨房火灾隐患识别

一般来说，厨房火灾隐患点主要有表9-6所示的几项。

表9-6 厨房火灾隐患点

隐患点	具体说明
液化气	部分餐厅使用的瓶装液化气存在超过使用年限，未及时更换老化、破损的燃气软管，减压器老化导致接口处漏气，未在使用完毕后关闭钢瓶阀门等现象，这些都极易引发火灾
明火作业燃料多	厨房是使用明火进行作业的场所，所用的燃料一般有液化气、天然气等，若操作不当或储存不当，很容易引起火灾
长期烹饪油烟重	厨房环境常年比较潮湿，在这种环境中，烹饪过程中产生的油烟很容易积聚并附着在墙壁、烟道和抽油烟机的表面，若不及时清洗，就有引起火灾的可能
电气线路	厨房用火用电设备集中，极易出现超负荷现象，而部分餐厅存在空调、电灯、餐饮器具等设备线路杂乱无章、电线私拉乱接、线路未穿管保护、线路裸露在外等现象，火灾隐患较多
用油不当	在厨房中烹饪食物时，若锅里油面过高或油温过高，油液受热溅出锅外，遇到火源极易燃烧；另外，厨房里的燃料用油和食用油在使用过程中也容易因放置不当等引起火灾
消防通道被占用	部分餐厅为囤积货物占用消防通道、堵塞安全出口，万一发生火灾，人员无法及时逃生

（二）火灾预防措施

为了确保厨房的消防安全，餐厅需要采取一系列的预防措施，具体如图9-20所示。

厨房餐厅防火分隔	餐厅是人员密集的场所，一旦厨房着火，火势蔓延至餐厅，很容易造成人员伤亡。采用防火门等方式将厨房与餐厅分隔开，能有效阻止火势蔓延
定期检查燃气管道	厨房内的燃气管道须定期维护、检测，特别是燃气管道、接头、仪表阀门，必须经常检查，防止泄漏。须安全使用天然气与液化气，油炸、烘烤食物时须遵守操作规程
及时清理油烟管道	油烟机、油烟管道须及时清理，清除附着和堆积在里面的油垢及其他脏物，防止烟道和抽油烟管道内壁的油垢和脏物堆积过多引起火灾
禁止私拉乱接电线	禁止拉接临时用电线路，所有线路和电气设备均须由正式电工敷设安装。餐厅内用火用电设备若存在过载运行、线路老化、插座松动、线路未穿管保护、线路裸露在外等情况，须及时处理
厨房烹饪严禁离人	餐厅厨房动火烹饪时，工作人员严禁离开。厨房工作结束后，工作人员须及时关闭电源、气源，确认无遗留火种后方可离开
保持疏散通道畅通	按相关规范在安全出口、疏散通道等处设置消防疏散指示标识和消防应急照明灯具。严禁将货物堆积在疏散通道上、在窗户上设置铁栏杆、封闭安全出口等行为
严禁餐厅违规住人	严禁擅自改变建筑使用性质，严禁违规设置夹层，严禁仓储、经营、住宿"三合一"
完善消防设施设备	完善餐厅消防设施设备，配齐火灾报警设备，厨房烹饪操作间的排油烟罩及烹饪部位设置自动灭火装置，并在燃气管道上设置与自动灭火装置联动的自动切断装置
进行防火安全教育	经常对餐厅的工作人员进行防火安全常识教育，并制定餐厅厨房内安全用火、用电、用气、用油的管理制度，规范操作方法和操作规程，防止人为疏忽引发火灾
定期组织消防演练	针对油锅火灾、油烟管道火灾、燃气火灾等制定预案、组织演练，确保餐厅全体员工掌握火灾紧急撤离程序，了解安全出口的位置，提高应急能力

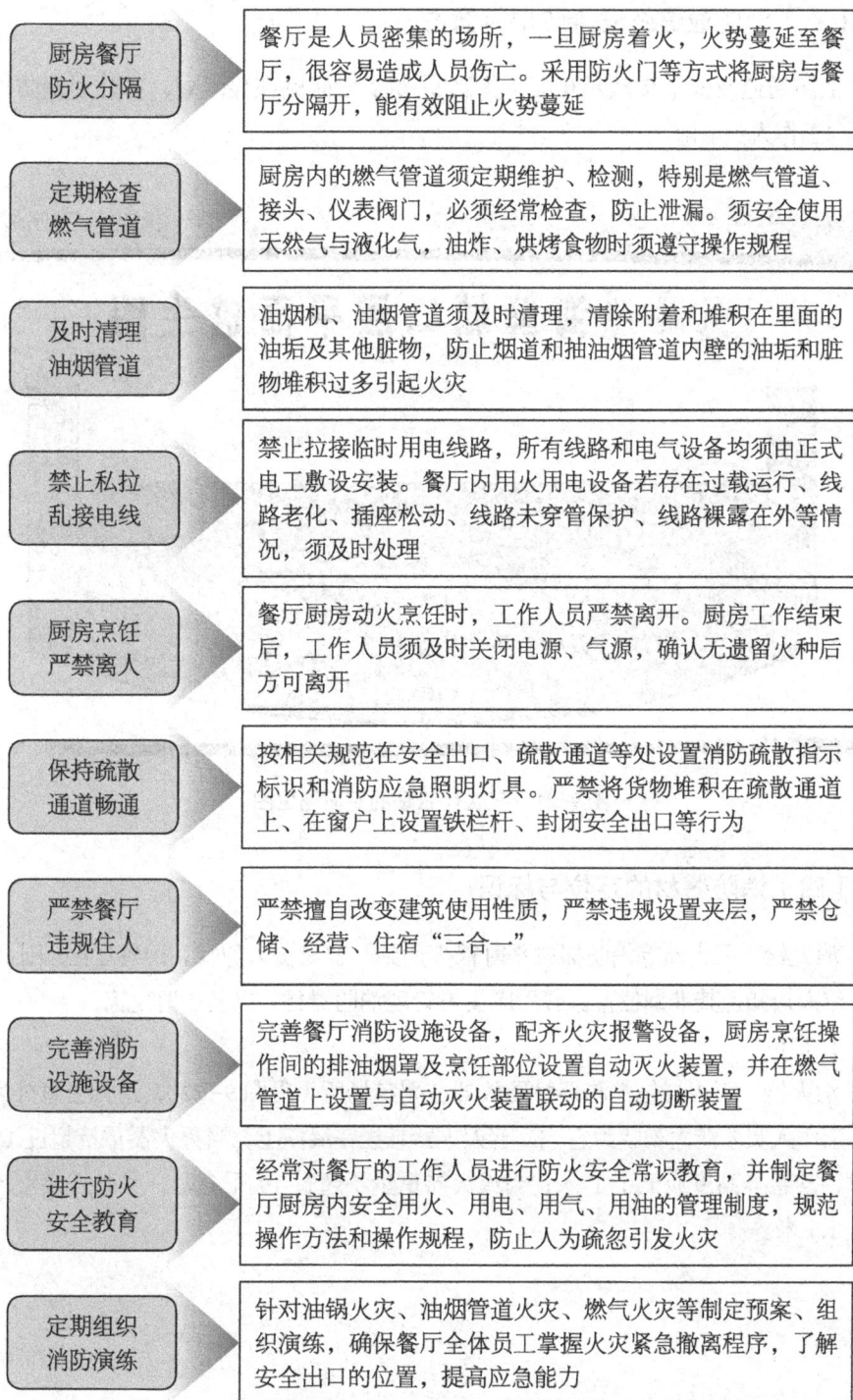

图 9-20　火灾预防措施

（三）消防通道及安全疏散示意图

消防通道及安全疏散示意图（见图9-21）应张贴在显眼处，在开展消防培训时要向工作人员讲解。

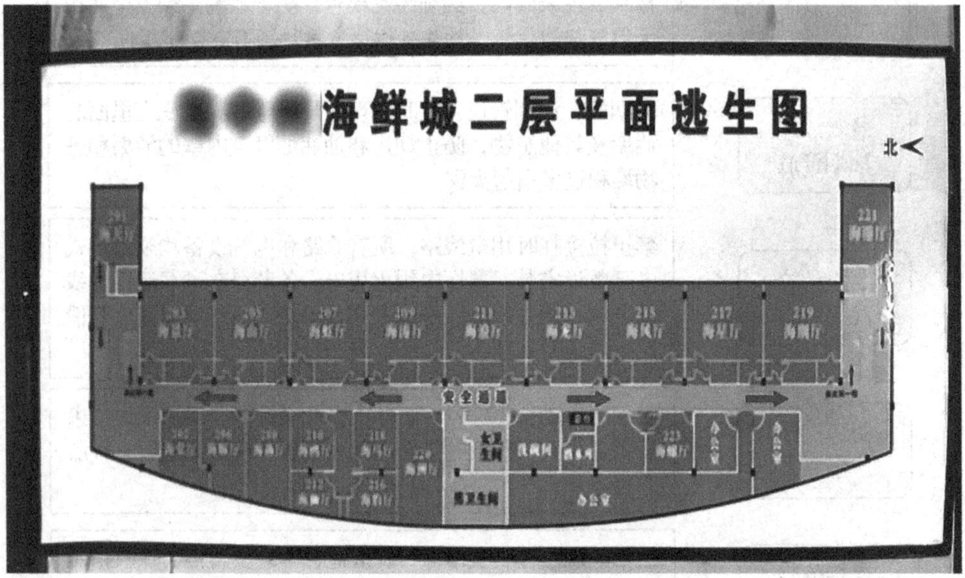

图9-21　某餐厅张贴的平面逃生图

（四）消防器材的定位与标识

消火栓、灭火器等消防器材平时很少用到，容易被人忽视，但餐厅必须让每一位工作人员知道其准确位置。餐厅应妥善管理消防器材，以备不时之需。

1. 定位

消火栓、灭火器等消防器材要放置在固定场所（见图9-22），这样当意外发生时，工作人员才能立刻找到它们。若灭火器悬挂在墙壁上，当灭火器重量超过18千克时，其悬挂高度应低于1米；当灭火器重量不超过18千克时，其悬挂高度不得超过1.5米。

图 9-22　消防器材定位放置

2. 标识

餐厅内的消防器材常被其他物品遮住，这势必影响取用，因此最好在放置消防器材的地方设置醒目的标识（见图 9-23）。

图 9-23　消防器材标识

3. 禁区

消防器材前面的通道一定要保持畅通，这样才不会给取用造成阻碍。一定要为消防器材设置安全区并画线（见图 9-24），提醒大家共同遵守安全规则。

图 9-24　消防器材画线放置

4. 放大的使用方法

只有在非常紧急的时候才会用到消防器材，这时工作人员难免慌乱，很可能会忘记如何使用这些消防器材。因此，最好在消防器材附近贴一张放大的使用方法（见图 9-25），供使用者参考。

图 9-25　放大的使用方法

5. 标明换药日期

注意灭火器内的药剂是否过期，一定要按时更新，以确保灭火器随时可用。可在灭火器上注明下一次换药时间。

细节49：预防食物中毒

（一）食物中毒的原因

在餐厅中，食物中毒主要是由食品加工人员对食物的处理、烹制及保管不当等所致。根据餐厅已发生的食物中毒案例来看，引发食物中毒的主要原因如下。

（1）食品冷藏不当，如冷藏温度不够低。

（2）食品加热处理不当，如加热时间过短。

（3）食品保温储存不当，致使细菌过快繁殖。

（4）烹调完成的菜品放置过久，未加热就直接食用。

（5）已感染病菌的人接触过食品，尤其是成品。

（6）加工后的食品交叉污染。

（7）容器、器具清洗不彻底，残留了很多污垢。

（8）食材来源不安全。

（9）误食有毒食品。

（10）食用发酵不良的食品。

（11）误食添加剂或不当使用添加剂。

> **小提示**
> 　　如果餐厅在安全管理过程中能特别关注上述问题，便可最大限度地减少食品安全隐患，从而有效预防食物中毒事件的发生。

（二）预防食物中毒

预防食物中毒的措施如表 9-7 所示。

表 9-7　预防食物中毒的措施

措施	说明
保持加工过程的清洁	厨房员工在烹饪前一定要把手部彻底洗干净。加工用的器具（如餐具、砧板、抹布等）要用水或消毒药水反复清洗，洗干净后，如果有条件，应在太阳下暴晒。抹布须经常用清洁剂清洗，洗净后应保持干燥

（续表）

措施	说明
保持加工过程的清洁	食材加工人员若手上有伤口或脓疮，则不应从事加工工作。食材应妥善保存，以免被老鼠、蟑螂、苍蝇等污染
食材不宜存放太久	食材采购回来后不可存放太久，应尽快烹饪，尤其是生食的食材，越快处理越好，加工好的食材也要尽快处理。餐厅应事先做好估算工作，每次加工的食材不宜过多
注意食物的加热与冷藏	细菌通常不耐热，大部分细菌在加热到70℃以上后都会被杀灭，因此把食物加热以后再食用比较安全。细菌通常比较耐冷，但是在低温环境下不易繁殖，并且在温度非常低时无法繁殖

（三）预防细菌性食物中毒

预防细菌性食物中毒的措施如下。

（1）严格挑选原料，并在低温下运输、储藏。

（2）烹调时通过高温杀灭细菌。

（3）创造卫生环境，防止细菌污染食品。

预防不同细菌的措施如表9-8所示。

表 9-8　预防不同细菌的措施

细菌	说明	预防措施
沙门氏菌	产生于人和动物的肠道，病原菌的媒介食物通常是鸡肉、火鸡肉、猪肉、牛肉、牛乳和蛋等。此类食材可能因冷藏不当或在厨房工作台上交叉污染等因素引起食物中毒	（1）工作人员定期进行健康检查并保持个人卫生，避免带菌工作；保持加工场所的清洁，防止鼠类和蝇蚊等进入厨房 （2）不得将熟食长时间放置于室温环境中，应及时冷藏 （3）加工蛋类食物时应防止带菌污染
副溶血性弧菌	分布于海水中，病原菌的媒介食物是海产品。中毒多发生在 6～8 月	（1）用冷藏（冻）抑制细菌繁殖。10℃时细菌繁殖缓慢，5～8℃时细菌繁殖受到抑制 （2）以 60℃的温度加热 10 分钟即可杀死该细菌 （3）盛装海产品的容器须洗涤干净，以免间接污染 （4）不生食海产品

（续表）

细菌	说明	预防措施
葡萄球菌	主要来源是伤口化脓、鼻炎和咽喉炎患者的分泌物。葡萄球菌耐高温，在100℃下加热30分钟也不会被杀死	（1）感冒、受伤及有咽喉炎、鼻炎的工作人员不能参与食品加工 （2）食物应及时冷藏，葡萄球菌在7℃以下不能繁殖
肉毒梭菌	肉毒梭菌主要是随泥土或动物粪便污染食物。通常会引起中毒的食物有肉类罐头、臭豆腐、腊肉等	（1）罐头要充分加热后再食用 （2）食品应冷藏，肉毒梭菌在10℃以下很难繁殖 （3）在肉制品及鱼制品中加入食盐可发挥抑菌的作用 （4）防止食物受土壤及动物粪便的污染
黄曲霉菌	可产生黄曲霉毒素，该毒素可致癌	（1）花生、大豆、大米等应储藏于低温、干燥处 （2）以上食物发霉后不可食用

（四）预防化学性食物中毒

预防化学性食物中毒的措施如下。

（1）采购人员须从可靠的供应商处采购食品。

（2）化学物质要在远离食品处安全存放，并由专人保管，负责人应随时抽查。

（3）不使用含有毒物质的食品器具、容器、包装材料，例如，使用含镉、锡、铅等的器具盛装酸性液体食品，其金属成分易溶入食品中。塑料包装材料最好是由聚乙烯、聚丙烯材料制成的。

（4）厨房要谨慎安全地使用化学杀虫剂，并由专人负责。

（5）清扫厨房时化学清洁剂须远离食品。

（6）蔬菜、水果要洗涤干净，以进一步消除残留的杀虫剂。

（7）食品添加剂的使用须严格遵守相关规定。

（五）预防有毒食物中毒

预防有毒食物中毒的措施如下。

（1）只可食用无毒的蕈类，可疑蕈类不得食用。

（2）食用白果时要加热、少食，切不可生食。

（3）马铃薯发芽和发青部位可能有龙葵素，加工时须去除干净。

（4）苦杏仁、黑斑甘薯、鲜黄花菜、未腌透的腌菜不可食用。

（5）烹调秋扁豆、四季豆时要加热彻底，不可生食；木薯也不宜生食。

（6）死甲鱼、死贝类不可食用。

（7）河豚未经专业处理不可食用。

（8）含组氨酸高的鱼类不新鲜时，不可食用。

（9）带有"米芯肉"的猪肉不得加工或出售。

环节 10　常用设备管理

配备合适的厨房设备是从事厨房生产的前提条件，而设备良好运行才能保证厨房生产连续、有序地进行。厨房可从图 10-1 所示的三个方面加强厨房设备管理。

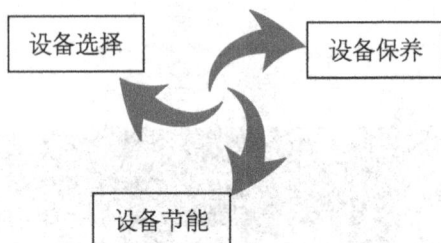

图 10-1　厨房设备管理

细节50：设备选择

厨房设备种类繁多，如何正确选择厨房设备，既满足生产需求，又避免浪费，是餐厅必须面对的重要问题。餐厅在选择厨房设备时应考虑图 10-2 所示的因素。

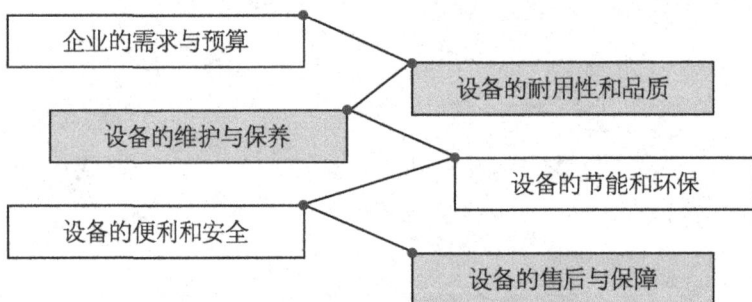

图 10-2　选择厨房设备时应考虑的因素

（一）企业的需求与预算

餐厅在购买厨房设备时应量力而行，避免浪费。餐厅应结合自己的业务需求和预算，适量地购买设备。

1. 根据工艺需要选择配套设备

餐厅应根据菜系、工艺要求、风格、特色等选择专用的配套设备。

比如，经营海鲜的餐厅要配备海鲜蒸柜、炖鱼台等，以销售炖品为主的餐厅要配备较多的煲仔炉、低汤灶、炖菜灶等。

2. 根据厨房空间选择设备

选购设备时，要考虑厨房空间的大小。如果选用的设备太大，可能造成厨房无法放置其他的必要设备。而设备太小、功能太少，则可能造成无法满足使用需求，影响工作效率。

（二）设备的耐用性和品质

厨房设备使用频率较高，要有一定的耐用性，质量要尽可能好。餐厅在选择设备时可以考虑设备制造商的信誉及其他消费者的评价，避免选择口碑不佳的设备，以减少后期的设备维修和更换成本。

（三）设备的维护与保养

厨房设备要定期保养和维护，以确保设备正常运转并延长设备的使用寿命。餐厅在购买设备时要了解设备的保修期及维修保养费用，以合理规划维修和保养预算。

（四）设备的节能和环保

现代厨房设备不仅要满足餐厅的需求，还要具备节能和环保的特点。餐厅在选择设备时应考虑设备的能源消耗和环境影响。有些设备噪声较大，容易产生污染，不符合环保要求，长期使用会对人体造成一定的危害，即使比较经济实惠，也不可选用。

节能和环保的设备不仅可以为企业节约成本，还能保护环境。

（五）设备的便利和安全

近年来，各种各样的厨房设备层出不穷。餐厅选择设备时要以方便实用为基本要求，不可盲目追求"高大上"，而且设备要符合工作人员的操作习惯，避免过多的尖锐设计，保障工作人员在使用过程中的安全。

另外，厨房设备特别是接触食物和餐具的设备须符合卫生要求，不能污染食物与餐具。

（六）设备的售后与保障

餐厅在选择厨房设备时应尽可能选择有完善售后服务与保障的生产厂家及渠道商。

细节51：设备保养

厨房设备的定期保养是一件非常重要的事，有助于延长厨房设备的使用寿命，保证其正常运转。厨房要定期对厨房设备进行维修和保养，及时发现故障部件，进行维修或更换，保证厨房设备的正常使用。

（一）各种设备的保养计划

（1）每月检查一次设备的各个连接处，插头、插座等要牢牢固定。

（2）每15天测量一次烤箱内的温度，并清洗烤箱内壁、清理烤箱中的电风扇叶。定时检查烤箱的链条。

（3）每15天清理一次灶具和燃烧器的污垢，并检查燃烧器的开关等。

（4）每月检查油炸炉的箱体是否漏油，按时清理。

（5）每月检查一次扒板温控器的灵敏度。

（6）每月检查一次蒸柜中的燃烧器，保证其正常工作；检查蒸汽管道的堵塞及损坏情况并及时更换。

（7）每月检查一次冷藏设备的传动带，观察其工作周期和温度，及时调整除霜装置；检查冰箱门的密封装置，保证制冷效率。

（8）每月检查一次洗碗机的喷嘴、箱体和加热管，保证其自动冲洗装置的灵敏度；随时检查并调整其工作温度。

（9）每天检查厨房的各种用具及设备表面的清洗情况。

（二）各种设备的保养措施

1. 烤箱

每天清洗烤箱表面，检查所有线路是否畅通，检查开关是否正确工作。

2. 炉灶

每天清洗炉灶上的铁架及不锈钢盘，经常清洗天然气喷头。

3. 扒炉

每天清洗钢板，经常检修天然气喷头，使之保持清洁。每 15 天调整一次天然气喷头和点火装置。

4. 油炸炉

每天清洗油炉内壁及过滤网。每 15 天调整一次天然气喷头和点火装置。定期检查排油管装置。

5. 蒸柜

每天清洗蒸柜内壁及隔板。每 15 天检查一次蒸汽管阀门及天然气与空气的混合装置。

6. 冰柜

每天保持冰箱内外部的清洁，每 7 天除霜一次。经常检查电源及温度控制装置。

7. 洗碗机

每天保持洗碗机内外部的清洁。每 30 天进行一次内部的除水垢。经常检查清洁剂及催干剂的使用情况，防止异物堵塞。

8. 其他厨房设备

每次使用后进行彻底的清洁。每 30 天为齿轮和轴承上一次油。每 3 个月为电机检修一次。

细节52：设备节能

能源费用是餐厅的一项不可忽视的成本。要想降低能耗、节约成本，除了要选购节能的设备，在平时的使用过程中也要注意节能。

（一）烹调设备节能

为了在旺季时保证食品供应而购买功率较大的设备实际上并不划算，不如购买几个小型设备来代替一个大型设备，旺季时多用几个，淡季时少用几个。另外，设备使用时间要尽可能短，一般不宜超过30分钟，如果中午才用烤箱，早上就开始预热，就会产生浪费。

（二）洗碗设备节能

洗碗机属于高耗能设备，需要使用大量的热水。使用洗碗机时要注意以下事项。

（1）做好洗碗前的准备工作，集中洗涤，以缩短机器工作时间。

（2）控制冲洗用水量。

（3）定期检查水循环系统是否封闭、水泵排水阀是否漏水。

（4）不用时，不要开动增压加热器。

（三）冷藏（冻）设备节能

各种冷藏（冻）柜都必须连续工作，能耗很高。如果凝汽盘管里塞满脏物，压缩机也满是污垢，制冷系统就会不停地工作，造成巨大的能源浪费。使用冷藏（冻）设备时应注意以下事项。

（1）尽量减少开门次数，缩短开门时间。

（2）食物要在自然冷却后放入冷库。

（3）采用自动除霜装置。

（4）食物要与压缩机保持一定的距离，以利于散热。

（5）定期清理风扇、冷凝器、压缩机和散热片。